Tina Scherer • Verena Ivanowitsch (Redaktion)

Erlebnisordner Kita

DAS BIN ICH!

Lernen durch Erleben – Kinder entdecken Großes

Klett Kolibri
Bestell-Nr. 85020

Impressum

ISSN 2367-0355
ISBN 978-3-96046-021-3

VERLAG
Klett Kita GmbH
Rotebühlstr. 77
70178 Stuttgart
www.klett-kita.de

GESCHÄFTSFÜHRUNG
Silke Wiest, Malte Kullak-Ublick

REDAKTION
Verena Ivanowitsch, Tina Scherer

AUTOREN UND FOTOGRAFEN
Heike König, Michaela Lambrecht, Margot Lindner, Michael Müller, Karin Schäufler, Tina Scherer
www.thinkstockphotos.de
www.fotolia.com

TITELFOTO
pip/photocase.de

ILLUSTRATION
Alexandra Junge

GRAFIK
Agentur Discodoener, Stuttgart

BESTELLUNG UND ABONNEMENT
Telefon: 0711 667258-00
Fax: 0711 667258-22
kundenservice@klett-kita.de

DRUCK
Zimmermann Druck + Verlag GmbH, Balve (Innenteil)
Achilles Präsentationsprodukte GmbH, Celle (Ordner)

Gedruckt auf chlorfrei gebleichtem Papier.

Bibliografische Information der Deutschen Nationalbibliothek. Die Deutsche Nationalbibliothek verzeichnet diese Publikation in der Deutschen Nationalbibliografie. Detaillierte bibliografische Daten sind im Internet über http://dnb.d-nb.de abrufbar.

Inhaltsverzeichnis

2 I IMPRESSUM

5 I EINFÜHRUNG
Sich selbst, den eigenen Körper, Bedürfnisse, Vorlieben und Abneigungen (besser) kennenlernen

KREATIVATELIER

11 I Mal so, mal so: Ein Mal-Gedicht zum Erfühlen von Stimmungen
13 I Mein Körper aus Schachteln: Selbstkunstwerk in 3-D
15 I Unsere große bunte Gruppencollage: Länder, Namen, Geburtstage und Sternzeichen
17 I Was kann ich und was kannst du? Ein Selbstmachspiel für positive Gespräche
19 I Mein Garderobenplatz: Eine persönliche Umziehstation für jedes Kind

BEWEGUNGSRAUM

23 I Stell dir vor, du wärst ein Regenwurm: Eine Traumreise unter die Erde
25 I Hot-Stone-Massage: Entspannen, Erholen und Wahrnehmen mit warmen Steinen
27 I Lieblingsessen-Nachlauf: Ein Bewegungsspiel mit Gelächter und Gerenne
29 I Die Greifkiste: Körperwahrnehmung mit Fingern und Lachmuskeln
31 I Ringen, Raufen, Kräftemessen: Eine Bewegungseinheit mit Körperkontakt
33 I Von Kopf bis Fuß entspannt: Eine kleine Erholung für alle Körperteile

KLANGWERKSTATT

37 I Ich bin Ich: Ein Mitmach-Liedchen für den Morgenkreis
38 I Ich geh heut' in den Kindergarten: Eine Klanggeschichte für jeden neuen Kita-Tag
39 I Die traurige Eule: Eine Klanggeschichte zum Vertonen von Gefühlen
41 I Mein ganz individuelles Tonbild: Mit Klängen, Geräuschen und Stimmungen

FORSCHERLABOR

45 I Ich bin unverwechselbar: Fingerabdrücke kennenlernen
47 I Mein Herzschlag: Körperwahrnehmung in Ruhe und in Aktivität
49 I Meine Atmung hören: Kinder forschen mit dem Stethoskop
51 I Soooo groß bin ich! Schätzen, Rechnen und vergleichen mit dem eigenen Körper
53 I So schwer bin ich! Experimente mit einer Waage

ERZÄHL- & SPIELBEREICH

57 I Der kleine Große: Eine Vorlese Geschichte über das Gross- und Kleinsein
59 I Das bin ja ich! Ein Ratespiel mit Flaschendrehen
61 I Meine Finger können zählen: Drei Fingerspiele mit dem ganzen Körper
63 I Heute-bestimme-ich-Tage: Morgenkreisideen zur Ich-Stärkung
64 I Mein Zuhaus'! Eine nachdenkliche Aktion über den Ort, an dem wir zuhause sind
65 I Echt komisch! Eine Geschichte über Wasser, Wunder und sich selbst
67 I Gesichter-Wirrwar: Das verrückte Foto-Puzzle-Spiel
68 I Ich habe braune Augen wie ...: Sich immer wieder kennenlernen

KINDERKÜCHE

71 I Mein Genussburger-Turm: Burgertürme erfinden
72 I Mein Fußabdruck zum Aufessen: Kleiner Snack für hungrige Ich-Forscher
73 I Kleine Bäcker und süße Früchtchen: Sich kulinarisch ausdrücken und schlemmen

WALD & WIESE

77 I Wie weit springe ich? Ein Waldspiel für tierische Springer
79 I Olympiareife Leistung: Rekordhalter aus dem Tierreich
81 I Wer oder was bin ich? Tierische Rätselreime
82 I Springkraut, aufgepasst! Ein Bewegungsspiel mit hüpfenden Pflanzen

U3-ERLEBNISREICH

85 I Hallo Ohren! Ein Spiel um die Körperteile zu begrüßen
87 I Eincreme-Geschichte: Körperwahrnehmung und Entspannung für die Kleinsten
89 I Mein selbstgestaltetes Ich-Büchlein: Eine Familienerinnerung für Krippenkinder

ELTERN-INFOS & KOPIERVORLAGEN

91 I Eltern-Info: Das bin ich!
93 I Eltern-Info: Ideen für ein individuelles Ich-Frühstück
95 I Kopiervorlage 1: Das bin ich ... wenn ich älter bin
97 I Kopiervorlage 2: Mein schönster Traum
99 I Kopiervorlage 3: Das gehört (nicht) zu mir
101 I Kopiervorlage 4: Meine Sinne 1
103 I Kopiervorlage 5: Meine Sinne 2
105 I Kopiervorlage 6: Meine Lieblingssachen
107 I Kopiervorlage 7: Mein Familienstammbaum
109 I Kopiervorlage 8: Meine Lebens(-wunsch-)Geschichte
111 I Kopiervorlage 9: Vorlagen für Orden, Abzeichen und Führerscheine

SICH SELBST, DEN EIGENEN KÖRPER, BEDÜRFNISSE, VORLIEBEN UND ABNEIGUNGEN (BESSER) KENNENLERNEN

Das bin ich!

Das Thema „Das bin ich!" vereint verschiedene Aspekte in sich: Unter dem Gesichtspunkt, was ein Kind eigentlich ausmacht, können die Kinder ihre Familie, ihre Freunde, ihre Haustiere betrachten. Auch das Zuhause, das eigene Viertel, Lieblingsgeschäfte und Lieblingsorte auf der Welt können eine Rolle spielen und bei der Verortung in der direkten Lebensumwelt helfen. Zum „Ich-Sein" gehört aber noch viel mehr: Der eigene Körper mit seinen Besonderheiten und Reaktionen beispielsweise.

ERSTE SOZIALE VERGLEICHSPROZESSE

Wie gut kennen sich die Kinder? Kennen sie ihre Lieblingsspeisen, -kleider, -farben, -tiere, -spielsachen, -filme, -lieder? Wie wichtig sind ihnen ihre Vorlieben? Wie verschieden oder gleich sind diese Vorlieben im Vergleich mit anderen? Entwicklungspsychologisch gesehen stellen Kinder im Kindergartenalter die ersten sozialen Vergleichsprozesse an, zunächst noch auf einem entwicklungsbedingt egozentrischen Level: Wer ist mir ähnlich? Wer mag dasselbe wie ich? Mit wem spiele ich deshalb gern?

Gerade Gemeinsamkeiten sind hier oft ausschlaggebend für erste Freundschaften. Diese Gemeinsamkeiten sind allerdings oft anders als erwartet, beispielsweise freunden sich Kinder mit verschiedener Muttersprache und vollkommen unterschiedlicher Kultur an, weil sie gern mit der gleichen Puppe spielen. Oder ein älteres Kind wendet sich einem jüngeren Kind zu, weil es sich an sein Geschwisterkind erinnert. Auch Freundschaften gehören zum Selbstbild. Nach neuen Studien wirken Freundschaften – auch im Kindergartenalter – bestärkend auf das Selbstbewusstsein und helfen Kindern in als leidvoll empfundenen Situationen nachweislich. Fördern Sie Freundschaften aller Art, lassen Sie zu, dass Kinder sich unerwartete Freunde suchen und stellen Sie auch den Eltern gegenüber dar, wie wichtig es ist, dass Kinder selbst Freundschaften – auch wenn sie unerwartet sind – initiieren.

Freundschaften – Lernfeld und Motor für soziale Vergleichsprozesse

ERFAHRUNGEN MIT DEM EIGENEN KÖRPER

Im Kindergartenalter entwickeln Kinder ihr Wissen über den eigenen Körper und seine Empfindungen weiter. Sie entwickeln beispielsweise ein Gespür für das Maß und die Art an Bewegung, die sie mögen. Sie beschaffen sich Informationen über die Reaktionen ihres Körpers, über Sinne, Organe, Reflexe. Sie nehmen wahr, dass man nach längerem Toben oder Rennen außer Atem und verschwitzt ist, dass das Herz schneller schlägt.

Dabei ist auch das Erfahren von Ruhe, Entspannung und Erholung wichtig. Hier sollten pädagogische Fachkräfte darauf achten, Kindern Möglichkeiten der Entspannung zu bieten: Pausen während des manchmal lauten und hektischen Kita-Alltags, um zu kuscheln, zu ruhen, Bücher anzugucken, sollten in den Alltag eingeplant werden. Solche Pausen, die die Kinder sich eventuell selbst wählen, sind genauso wichtig, wie die „verordneten" Erholungsphasen in Form von Ruhe-Arbeit, Fantasiereisen, Entspannungsübungen. Im Kindergarten- und Grundschulalter wird Kindern in Bezug auf den eigenen Körper zudem noch etwas anderes bewusst: Auch Gefühle kann man mit dem Körper wahrnehmen. Angst lässt vielleicht die Handflächen nass und den Mund trocken werden, Wut erhöht Blutdruck und Puls, Freude macht ein gutes Gefühl im Bauch.

© RawpixelLtd/Thinkstock

Sich selbst erfahren: Dazu gehört das genaue Wahrnehmen und Hinspüren mit allen Sinnen

© Rauslanghug/Thinkstock

Bin ich eigentlich stark? Und wie!

© Deklofenak/Thinkstock

Selbstbewusstsein macht das Leben leichter: in der Kita und danach

SELBSTBEWUSST SEIN

Sich seines Körpers und seiner Gefühle bewusst zu sein: Auch Erwachsene bekommen das nicht immer hin. Zum bewussten Umgang mit sich selbst gehört aber nicht nur Körperwahrnehmung und Gefühlsregulation. Grundlegend ist das (positive) Selbstbild, die Überzeugung „richtig" zu sein, etwas zu können und von anderen Zuneigung und Freundlichkeit zu erfahren. Ein gutes Selbstbewusstsein oder Selbstwertgefühl wirkt sich in den späteren Jahren, auch nach der Kita, im weiteren Leben aus. Studien zeigen, dass Kinder (und später Erwachsene) mit einem guten Selbstwertgefühl leichter Kontakte schließen, Freundschaften und Beziehungen pflegen können und im Beruf erfolgreicher sind. Darum gehört das Stärken von Selbstbild und Selbstbewusstsein mit zu einem Projekt wie „Das bin ich!" und generell auch mit in das Begleiten und Bilden von Kita-Kindern.

NÄHE UND DISTANZ

Das Thema „Das bin ich!“ ist komplex, nicht immer einfach, es geht nah an Sie und die Kinder heran und es bietet gerade deshalb Chancen und Möglichkeiten, die andere Themen und Projekte in der Kita nicht bieten können. Vielleicht wird sich Ihr Blick auf ein Kind - oder auf sich selbst - ändern, vielleicht werden Sie die eine oder andere Überraschung erleben. Bevor Sie ein solches Projekt durchführen, können und dürfen Sie sich auch mit sich selbst, mit Ihrem eigenen Ich und der eigenen Biografie befassen. Es wird sicherlich auch Kinder in der Gruppe geben, die Informationen über sich selbst nicht gern mit anderen teilen möchten. Schüchterne oder ängstliche Kinder können außerdem generell Hemmungen haben, in der Gruppe über sich zu erzählen. Hier sind Feingefühl und Sensibilität gefordert - eventuell mehr als bei anderen Projekten und Projektideen. Gleichzeit besteht bei einem Projekt wie diesem die Chance, dass Sie mit der Gruppe und möglicherweise auch im Team näher zusammenwachsen, sich besser verstehen und akzeptieren und sich mehr unterstützen. Pädagogische Arbeit ist immer persönlich, immer nah am Menschen und immer anspruchsvoll: Packen Sie es an!

© gpointsudio/Thinkstock

Auch in Freundschaften machen Kinder Erfahrungen mit Nähe und Distanz - und finden die richtige Dosis für sich

ZUHAUSE IN DER WELT

Wie wohl sich ein Kind in seinem Körper, mit sich selbst und auf der Welt fühlt, das hängt in starkem Maß auch von der Bindung ab, die es in den ersten Lebensjahren zu seinen ersten und nächsten Bezugspersonen erlebt. „Bonding“ (die erfolgreiche Bindung an Bezugspersonen) gelingt auch in der Kita: Sehr junge Kinder (Kinder unter 2 Jahren oder unter einem Jahr) erleben in der Kita die natürliche und notwendige Bindung an die pädagogische Fachkraft. Gerade hier ist die Qualität dieser Bindung grundlegend für die Entwicklung des Kindes. Sicher „gebundene“ Kinder entwickeln unter anderem mehr Weltsicherheit, haben ein besseres Selbstbewusstsein und sind weniger anfällig für psychische Erkrankungen.

© Nedadpress/Thinkstock

Mein Zuhause ist überall

Das Erobern der eigenen Lebenswelt beginnt bei Kita-Kindern im eigenen Zuhause. Dieses Zuhause sollte auch in der Kita Thema sein: die eigene Familie, die Wohnung, Freunde außerhalb der Kita, Freizeitbeschäftigungen außerhalb der Kita sollten auch in der Gruppe zum Thema gemacht werden. Aber auch das Viertel, in dem das Zuhause liegt, und das Viertel, in dem sich die Kita befindet, sollten von Kindern zum Thema gemacht und entdeckt werden dürfen. Der Wald, in dem der Waldtag stattfindet, der Supermarkt, in dem das Frühstück für die Gruppe eingekauft wird, der Lieblingsspielplatz/Park in der Nähe der Kita: All das können Kinder sich als „ihre“ Welt erobern dürfen. Die direkte Umgebung sollte mit ins Bild des eigenen „Ich“ mit eingebaut werden. Sie wirkt persönlichkeitsbildend.

PROJEKTIDEEN ZUM THEMA „DAS BIN ICH!“ MIT UNTERSCHIEDLICHEN ANSATZPUNKTEN

Sich selbst (und andere) besser kennenlernen:
Eigene Vorlieben und Abneigungen in Worte zu fassen, zu malen oder in Bewegung umzusetzen: Persönlichkeitsbildende Maßnahmen können sehr einfach sein. Was ist mein Lieblingsessen? Welches Wetter liebe ich? Und was ist mein Lieblings(haus)tier? Lieblingsdinge spielen für Kinder eine wichtige Rolle. Beispiele finden Sie auf Seite 27 beim Lieblingsessennachlauf oder während einer Gruppencollage, wie wir sie auf Seite 15 vorstellen.

Sich selbst darstellen und ausdrücken:
Wie sehe ich aus, wenn ich nur aus Schachteln bestehe? Das können die Kinder leicht selbst herausfinden, wenn sie sich selbst aus Schachteln, Kisten und Kartons nachbauen (Seite 13). Auch den eigenen Garderobenplatz können Kinder unverwechselbar gestalten (Seite 19) und sich auch auf diese Weise in der Kita willkommen, aufgehoben und wahrgenommen fühlen.

© moodborad/Thinkstock

Sich Selbstbewusstsein und Weltsicherheit erschließen:
Was ich schon alles kann? Ganz, ganz viel! Wie wäre es, wenn die Kinder sich gegenseitig erklären und positiv rückmelden, was sie können und an ihren Freunden und Kameraden schätzen? Mit einem Tischspiel funktioniert das spielerisch. Lesen Sie dazu auf Seite 17 weiter.

© mzoroyan/Thinkstock

So fühle ich mich – so fühlen sich meine Freunde:
Perspektivwechsel und Empathie sind zwei Fähigkeiten, die auch Erwachsenen nicht immer leicht fallen. In Geschichten (wie z. B. auf Seite 23) oder Fantasiereisen (Seite 33) schlüpfen Kinder für eine kurze Zeit in eine fremde Haut.

Die eigene Gefühlswelt erforschen:
Mal so, mal so: Niemand fühlt sich immer gleich. Oder doch? Gefühle einschätzen und regulieren – das ist für Kinder im Kita-Alter nicht immer einfach. Da tut es gut, die eigenen Gefühle in Worte zu fassen und darüber zu sprechen. Beispiele dazu warten auf Seite 11 und Seite 39 auf Sie.

Den eigenen Körper kennenlernen:
Der eigene Körper als Versuchslabor? Und ob! Mit einem Stethoskop oder einer Waage lässt sich so manches herausfinden: zum Beispiel, wie sich die eigene Atmung anhört oder wie viele Pakete Mehl man wiegt. Spannendes dazu finden Sie auf Seite 49 und 53.

Wie immer Sie „Ihr“ Das-bin-ich-Projekt gestalten: Wir wünschen Ihnen viel Freude und spannende Erlebnisse mit Ihren Kindern!

Verena Ivanowitsch, Tina Scherer und das ganze Team Erlebnisordner Kita

KREATIVATELIER

EIN MAL-GEDICHT ZUM ERFÜHLEN VON STIMMUNGEN

Mal so, mal so ...

VON KARIN SCHÄUFLER

Niemand fühlt sich jeden Tag gleich: Das kennen Kinder und Erwachsene. Mit diesem Gedicht können Sie mit den Kindern ins Gespräch kommen und gemeinsam darüber nachdenken, warum man sich manchmal gut fühlt und manchmal nicht. Warum ist das so? Und wie könnte man unterschiedliche Stimmungen aufmalen?

ALTER

Ab 5 Jahre

Ich fühle mich nicht immer gut,
bin manchmal gar nicht heiter,
bin traurig und zutiefst betrübt,
doch ich mach' trotzdem ... (weiter)!

Ich fühle mich oft voller Kraft,
bin glücklich, mutig, froh,
freu' mich an vielen Dingen sehr
und mach' auch weiter ... (so)!

Ich fühle mich manchmal ganz krank,
dann geht es mir nicht gut,
bin schwach und lustlos stundenlang,
doch ich schöpf' wieder ... (Mut)!

Mal auf, mal ab. Mal so, mal so:
Es wird noch vieles geben!
Doch ich bin ich und freue mich
auf dieses tolle ... (Leben)!

RATEN UND REIMEN

Den letzten Reim in jeder Strophe können die Kinder jeweils erraten - oder? Falls es den Kindern noch schwerfällt, verraten Sie ihnen den Anlaut und flüstern ihn ganz leise vor.

NACHDENKEN UND MALEN

Die Kinder können zunächst erzählen, wann es ihnen schon einmal richtig gut und wann schon einmal sehr schlecht gegangen ist. Wie haben sie sich damals

→

gefühlt und welches Gesicht haben sie damals wohl gemacht? Nachdem die Kinder die Ergänzungsreime gehört und erraten haben, erhält jedes Kind ein in vier gleichgroße Rechtecke unterteiltes Malblatt. Hier stellt es sich selbst unter dem Motto „Das bin ich - mal so, mal so ...“ malerisch in vier verschiedenen Lebens-, Gefühls- und Gemütslagen dar.

Zum Schluss erhält jedes Kind die Möglichkeit, die diversen Abbildungen und Zustände auf seinem Bild zu beschreiben und zu erläutern, etwa: „Das bin ich, als ich die Windpocken hatte!“ oder „Das bin ich an meinem Geburtstag!“

GEFÜHLE MALEN

Zum Darstellen von Gefühlen können sich die Kinder Emoticons auf Mobilfunkgeräten oder im Internet angucken: Wie haben es die Zeichner und Grafiker geschafft, dass die kleinen Smileys verschiedene Gefühle spiegeln? Schräge Augenbrauen (zur Nase hin nach unten verlaufend) symbolisieren Wut, verlaufen die Augenbrauen dagegen zur Nase hin nach oben, so sieht es eher traurig oder verzweifelt aus. Wie stellt man den Mund dar? Lassen Sie die Kinder sich zeichnerisch ausprobieren und sich gegenseitig ihre Eindrücke mitteilen.

Icons: iconsmind.com

Noch mehr Ideen

EINEN STIMMUNGSAUFHELLER BASTELN

Ein kleiner Gruß, eine aufmunternde Geste oder ein Talisman, der daran erinnert, dass zum Glück gar nicht so viel gehört, wie man denkt. Diese kleinen Geschenke sind schnell gemacht und erfreuen Eltern, Großeltern und Freunde.

Einen Bierdeckel von beiden Seiten in einer Farbe bemalen, etwa die „traurige“ oder „wütende“ Seite dunkelgrün oder rot, die „lustige“ oder „freundliche“ Seite in Gelb, Hellorange oder einem ähnlichen stimmungsaufheiternden Ton. Die Kinder entscheiden dabei selbst, welche Farbe sie für welche Seite auswählen möchten und wie sie die Seiten darstellen möchten (wütend - lachend, traurig - heiter ...). Auf die lustige Seite ein lustiges Gesicht malen (lachender Mund, hohe Augenbrauen), auf die traurige Seite ein trauriges oder wütendes Gesicht (Tipps dazu im Kasten). Nach Wunsch Wackelaugen aufkleben oder Augen aufmalen.

Ganz unten auf dem Deckel können die Kinder mit Ihrer Hilfe einen kleinen Spruch notieren. Hier eine kleine Auswahl davon:

Lebe lustig, lebe froh, wie der Floh im Haferstroh!
Lächle und die Welt lächelt mit dir, weine und du weinst allein!
Froh zu sein, bedarf es wenig und wer froh ist, ist ein König.
Das Glück ist das einzige, was sich verdoppelt, wenn man es teilt.
Gib jedem Tag die Chance, der schönste deines Lebens zu werden.

SELBSTKUNSTWERKE IN 3-D

Mein Körper aus Schachteln

Sich selbst künstlerisch darzustellen, erfordert von den Kindern einiges an Abstraktionsvermögen und Vorstellungskraft – und macht Riesenspaß. Bei dieser Idee ist genaues Hinschauen und räumliches Denken gefordert, denn anders als auf dem Papier nehmen die Kinder sich selbst und ihre Kunstwerke von allen Seiten und in drei Dimensionen wahr.

VON MARGOT LINDNER

ALTER

Ab 3 Jahre

MATERIAL

- Dosen, Schachteln, Verpackungen aller Art aus dem gelben Sack: Käse- und Pralinenschachteln, leere Geschenkbandabroller, Kaffeedosen, leere Toilettenpapier- und Klebebandrollen
- Grundmaterialien aus der Bastelschublade (Wollreste, Stoffreste, Märchenwolle, Chenilledrähte, Knöpfe, Wackelaugen, Moosgummimotive, Pompons)
- Basteldraht
- Zangen
- Kordel
- Klebstoff
- Falls notwendig: Heißkleber (benutzen nur Erwachsene)
- Scheren

Kann man aus Schachteln und Verpackungsmüll einen Körper bauen? Zeigen Sie den Kindern an einem Beispiel, wie das klappen könnte, indem Sie einige Schachteln aneinander oder aufeinander legen. Haben die Kinder eigene Ideen? Lassen Sie die Kinder in Ruhe aus den auf dem Tisch ausgelegten Materialien aussuchen, was sie benötigen. Das kann einige Zeit in Anspruch nehmen.

Die Kinder müssen sich dabei fragen, wie man einen Körper nur aus Schachteln, Dosen und Behältern bauen könnte. Lassen Sie möglichst alle Ideen zu und erklären Sie, warum manches sicherlich nicht durchführbar sein könnte.

→

Ältere Kinder oder Kinder, die am Gestalten sehr interessiert sind, können einen ganzen Körper gestalten. Selbstverständlich sind auch Details erlaubt, die nicht der Realität entsprechen: Ein Kind möchte Haare in einem schicken Grünton? Hier erlaubt! Ein Kind möchte gern unbedingt seinen Lieblingspulli mit abbilden? Eine Schachtel als Pulli entsprechend bemalen! Superkräfte, Zauberstäbe, Prinzessinnenkronen: alles ist möglich!Nasen können aus Schraubverschlüssen entstehen, Augen aus Knöpfen, Arme aus dickem Chenilledraht oder Schnürsenkeln. Einzelne Körperteile können die Kinder mit Draht oder Chenilledraht aneinanderhängen. Achten Sie darauf, dass keine scharfen oder spitzen Enden überstehen.

Alle Schachtelpuppen und Gesichter können die Kinder auf einem freien Tisch oder an einer Wand ausstellen oder aufhängen. Gestalten Sie gemeinsam Namenschildchen dazu.

Das bin ich - ganz aus Schachteln gebaut - mit meiner Wunschfrisur

Noch mehr Ideen

Am nächsten Elternabend entfernen Sie die Namensschildchen. Können die Eltern herausfinden, welche Puppe oder welches Gesicht ihr Kind gemacht hat beziehungsweise welche Puppe ihr Kind darstellen soll? Ein schönes Ratespiel, um den Abend zu eröffnen.

Kinder unter 3 Jahren können sich selbst gestalten, indem sie nur ihr Gesicht darstellen. Dazu bietet sich ein runder Schachteldeckel an, auf den die Kinder Knöpfe, Verschlussdeckel ... als Augen und Nase aufkleben. Achten Sie bei Kindern unter 3 auf die Gefahr des Verschluckens von Kleinteilen.

Ich aus Krimskrams: Beim Durchkramen der Verpackungsreste und Bastelmaterialien werden die Kinder sicherlich noch mehr Ideen haben: Ein Bild von sich selbst aus auf Tonpapier aufgeklebten Knöpfen ...

FORMEN KENNENLERNEN

Bei dieser Aktion machen die Kinder auch erste Erfahrungen mit geometrischen Körpern: Kreise, Quadrate, Rechtecke, Dreiecke und Ovale, sogar manchmal Sternformen finden sich sicherlich unter den Verpackungsmaterialien. Hier eine kleine Übersicht für Sie als pädagogische Fachkraft.

ZWEIDIMENSIONALE KÖRPER | **DREIDIMENSIONALE KÖRPER** | **SONDERFORMEN**

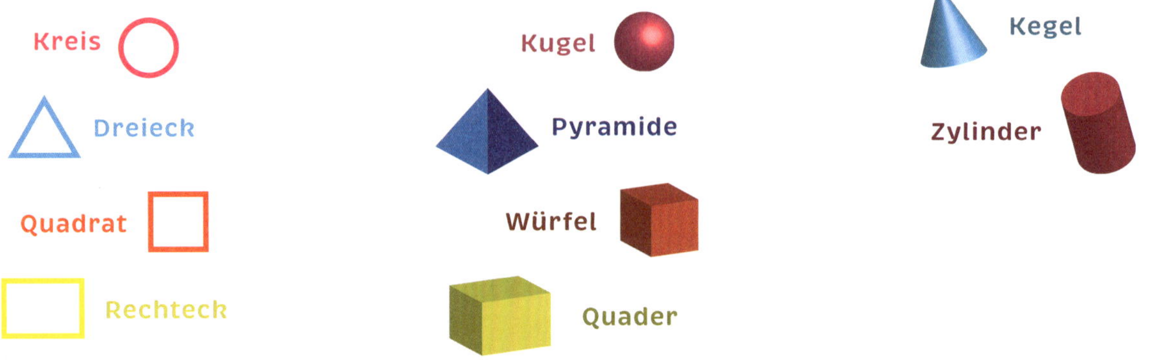

LÄNDER, NAMEN, GEBURTSTAGE UND STERNZEICHEN

Unsere große bunte Gruppencollage

Jedes Kind ist einzigartig und etwas ganz Besonderes. Und jedes Kind in der Gruppe gehört selbstverständlich dazu. Schön, wenn die Kinder das mit einer gemeinsamen Gestaltungsarbeit ausdrücken können, die sich über mehrere Tage hinziehen kann und die den Rest des Jahres den Gruppenraum verschönert.

EIN ERFAHRUNGSBERICHT VON MARGOT LINDNER

© User5dc/Thinkstock

ALTER

Ab 3 Jahre

MATERIAL

- 1 extragroßer Bogen Pappe (etwa von Umverpackungen)
- Buntstifte
- Filzmaler
- Flüssige Farben
- Pinsel und Schwämmchen
- Scheren
- Klebstoff
- Illustrierte/Zeitschriften
- Fotos von Tieren
- Blanko-Sticker zum Beschriften
- Länderflaggen zum Ausschneiden oder Flaggen-Spießchen
- Weiteres Material nach Ideen der Kinder

Bevor Sie starten, können die Kinder sich selbst sortieren. Sortiert werden kann beispielsweise nach Alter: Alle Fünfjährigen stellen sich zu einer Gruppe zusammen, danach alle Vierjährigen ... Aber auch nach Größe können die Kinder sich sortieren und sich der Reihe nach aufstellen. Weitere Möglichkeiten: Nach Herkunftsland, Lieblingsessen, Pulloverfarbe, Sternzeichen – und was immer den Kindern noch einfällt. Auf diese Weise lernen die Kinder spielerisch schon sehr viel über sich und ihre Freunde in der Gruppe.

Überlegen Sie mit den Kindern, wie eine Plakatwand aussehen könnte, auf der jeder seinen Platz findet. Wichtig sind die Angaben von Name, Geburtstag und ein Foto. Unsere Kinder haben sich entschieden, das

→

Herkunftsland und das Sternzeichen dazuzunehmen. Da die Sternzeichen die Kinder besonders fasziniert haben, haben wir gemeinsam herausgesucht, welches Sternzeichen im europäischen, im chinesischen und im indianischen Horoskop jedes Kind hat. Die Kinder hatten spontan Interesse an den Tieren, die in den Horoskopen vorkommen, vor allem, wenn ihr Sternzeichen ein für sie interessantes Lieblingstier (Skorpion, Schwein, Drache) war. Manche Tiere kannten die Kinder auch noch nicht: Was ist ein Stier? Was ist ein Widder? Bei unseren Kindern wollte sich gern jedes Kind das Tier heraussuchen, das ihm von all seinen Sternzeichen am besten gefallen hat. Lillian, geboren am 10. Mai 2012 hat sich ihren Drachen aus dem chinesischen Horoskop ausgewählt (Jahrgang 2012), weil er ihr besser gefiel als ihr Sternzeichen Stier oder das indianische Sternzeichen Biber. Julius (08.03.2011) mochte den Hasen aus dem chinesischen Horoskop nicht, aber den Wolf aus dem indianischen und den Fisch aus seinem europäischen Horoskop fand er super. Witzig: Marie ist gleich doppelt Schlange, im chinesischen und im indianischen Horoskop.

Ihre Lieblingssternzeichen haben die Kinder zusätzlich auf kleine Pappkärtchen gemalt und mit ihrem Namen unterschrieben, sodass sie sie überall hin mitnehmen können. Weil ihnen das nicht reichte, haben sie die Tiere zusätzlich aus selbsthärtender Knetmasse modelliert und nach dem Trocknen bemalt. Die Sternzeichentiere schmückten eine Zeit lang die Fensterbank in einer Sternzeichen-Ausstellung, bevor die Kinder sie mit nach Hause genommen haben.

Den Kindern (und den Fachkräften) ging es dabei nicht so sehr um den Gehalt von Horoskopen, sondern mehr darum, sich mit einem bestimmten Tier zu identifizieren und über sich selbst ins Nachdenken und Erzählen zu kommen.

LINKS ZUM STERNZEICHENFINDEN

www.sternzeichen.net
www.astolymp.de

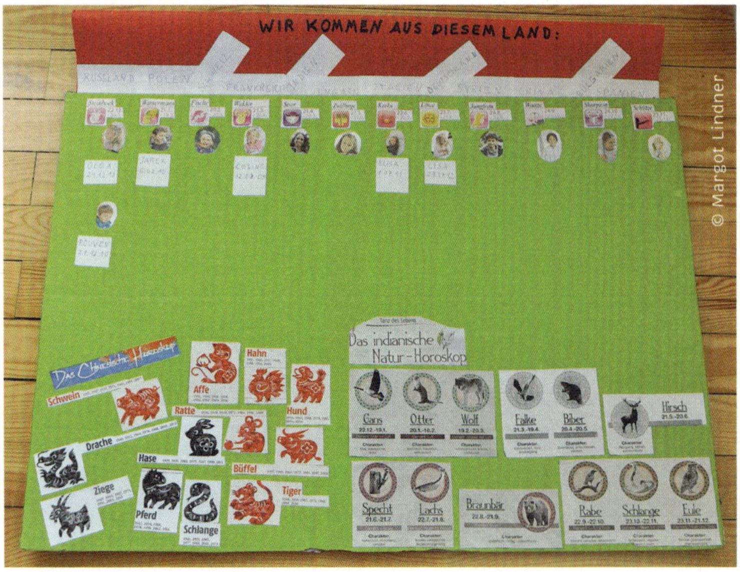

© Margot Lindner

STERNZEICHEN VON WIDDER BIS FISCH

Widder	21.03.-20.04.
Stier	21.04.-20.05.
Zwilling	21.05.-21.06.
Krebs	22.06.-22.07.
Löwe	23.07.-23.08.
Jungfrau	24.08.-23.09.
Waage	24.09.-23.10.
Skorpion	24.10.-22.11.
Schütze	23.11.-21.12.
Steinbock	22.12.-20.01.
Wassermann	21.01.-19.02.
Fische	20.02.-20.03.

INDIANISCHES HOROSKOP

Falke	21.03.-19.04.
Biber	20.04.-20.05.
Hirsch	21.05.-20.06.
Specht	21.06.-21.07.
Lachs	22.07.-21.08.
Braunbär	22.08.-21.09.
Rabe	22.09.-22.10.
Schlange	23.10.-22.11.
Eule	23.11.-21.12.
Gans	22.12.-19.01.
Otter	20.01.-18.02.
Wolf	19.02.-20.03.

EIN SELBSTMACHSPIEL FÜR POSITIVE GESPRÄCHE

Was kann ich und was kannst du?

Ein Tischspiel, das bestärkt, freundlich stimmt und die Gruppenatmosphäre verbessert? Dieses schnell selbst kreierte Tischregelspiel fordert zur (positiven) Kommunikation untereinander auf und belohnt freundliche Worte mit Schätzen.

VON MARGOT LINDNER

© Margot Lindner

ALTER

Ab 4 Jahre

MATERIAL

- 1 großer Bogen Pappe oder Tonkarton
- Innenverpackung von einer Bratpfanne (dieses Beispiel), ersatzweise ein großes, rundes Stück Tonkarton
- Deckel einer Schachtel
- Mehrere Kronkorken aus Blech oder Schraubverschlüsse von PET-Flaschen
- Bei Bedarf flüssige Farben
- Pinsel
- Klettklebepunkte
- Runde und eckige Sticker
- Filzstifte
- Zahlenwürfel

Die Pappunterlage beziehungsweise den Tonkarton falls nötig mit einer bunten Farbe anmalen und trocknen lassen. Die Pfannenverpackung auffalten oder die Pappscheibe mittig auf das Spielbrett kleben. Den Deckel in die Mitte kleben.

Die Kinder kleben in der Scheibe die Spielfelder auf: Sie kleben runde und eckige Sticker abwechselnd mit den Klettklebepunkten auf. Sie können statt der Klettklebepunkte auch einfach besondere Sticker aufkleben oder mit Filzstiften „Ereignisfelder“ dazumalen. Die Kinder malen ein Startfeld auf, auf dem zwei bis sechs Spielkegel und ein Zielfeld Platz finden können. Vor Spielbeginn kommen alle Kronkorken oder Verschlüsse in die Schachtel in der Mitte.

→

MÖGLICHE SPIELREGELN

Die Spieler setzen ihre Kegel oder Spielfiguren in das Startfeld. Reihum wird gewürfelt und entsprechend der Augenzahl gezogen. Gelangt ein Spieler auf ein Ereignisfeld, teilt er der Gruppe mit, was er besonders gut kann, etwa: „Ich kann richtig gut malen." oder „Ich kann gut Fußball spielen." oder „Ich kann alle zum Lachen bringen." oder „Ich kann mich ganz allein anziehen." Weiß ein Spieler nicht, was er gut kann, können die anderen Kinder helfen und Vorschläge machen. Für jedes besuchte Ereignisfeld bekommen die Spieler einen der Verschlüsse im Schachteldeckel. Wer als erstes im Ziel ankommt und mindestens einen Korken/Verschluss erbeutet hat, ist Sieger.

Noch mehr Ideen

WEITERE EREIGNISFELDER

Die Kinder können auch verschiedene Ereignisfelder überlegen, zum Beispiel auch noch solche, auf denen ein Spieler sagen kann, was er besonders an dem Spieler links neben sich mag. Auch hier können die anderen Kinder helfen. Es ist dabei wichtig, dass für jedes Kind positive, lobenswerte Eigenschaften gefunden und ausgesprochen werden.

SPIELFIGUREN SELBST HERSTELLEN

Interessant und schneller wird das Spiel für jüngere Kinder, wenn Sie nicht so viele Spielfelder aufkleben, sondern weniger und größere Spielfelder wählen. Dazu können die Kinder auch Spielkegel oder Spielfiguren herstellen: Beispielsweise können sie gemeinsam aus selbsthärtender Knetmasse in einer Lieblingsfarbe ein Lieblingstier oder einen Stein gestalten, mit dem gespielt wird. Auch möglich: Leere Kunststofffläschchen von Trinkjoghurt anmalen und bekleben. Die Öffnung oben offen lassen. Dann können die Kinder im Laufe des Spieles „Muggelsteine" verdienen und sie in ihren Spielfiguren sammeln. Wichtig: Für alle Fälle mit wischfestem Filzstift den Namen des Kindes auf der Spielfigur notieren. Wie wäre es, wenn die Spielfiguren Superkräfte bekommen und Umhänge aus Stoffresten wie echte Superhelden?

EINE PERSÖNLICHE UMZIEHSTATION FÜR JEDES KIND

Mein Garderobenplatz

In den meisten Kitas befinden sich an den Garderobenplätzen der Kinder immer noch kleine Symbolbildchen mit Schmetterling, Auto, Fahrrad und so weiter. Viel einprägsamer sind jedoch eigene Fotos der Kinder auf selbst gestalteten Figuren.

VON MARION BISCHOFF

© marcobir/Thinkstock

ALTER

Ab 3 Jahre

MATERIAL

- Digitalkamera
- Tonpapier in weiß
- Farbstifte
- Scheren
- Doppelseitiges Klebeband
- Selbstklebende Laminierfolie

Erstellen Sie ein Portraitfoto (Kopf und Hals mit wenig Schultern) von jedem Kind und drucken es aus. Noch besser ist es, wenn Sie es als Foto/Abzug entwickeln lassen.

Legen Sie jedem Kind einen Bogen Tonpapier bereit. Auf diesem Bogen malen die Kinder ihren Körper, die Beine, Arme, Füße und Hände und auch Hals und Kopf auf. Dann malen sie ihr Selbstbildnis an. Toll ist es, wenn die Kinder dabei ihre Kleidung (Lieblingskleidungsstücke) berücksichtigen und ihre Bilder entsprechend anmalen. Nachdem die Kinder alles bemalt haben, schneiden sie ihre Figuren aus. Auch den Kopf vom Portraitfoto schneiden sie aus und kleben es passend auf ihre Figuren.

→

Kleben Sie das Selbstbildnis des Kindes an seinen Garderobenplatz. Sehr gut geeignet ist die Wandfläche zwischen Sitzbank und oberer Ablage. So ist es für die Kinder besonders gut sichtbar. Ein oder zwei Klebestreifen von doppelseitigem Klebeband genügen, um die Figuren an die Wand zu kleben. Überziehen Sie das Bild anschließend mit selbstklebender Laminierfolie, denn der Garderobenplatz wird täglich benutzt. Da ist es wichtig, das Bild entsprechend zu schützen.

Mein Selbstbildnis aus Papier kommt an die Garderobe

Noch mehr Ideen

Sich wachsen sehen: Um die Entwicklung der Kinder zu dokumentieren, erstellen sie jedes Jahr zur gleichen Zeit neue Selbstbildnisse. Anhand der von den Kindern gemalten Körper und der zugehörigen Fotos erkennt man gut, wie die Kinder sich weiterentwickelt haben.

XXL-Garderobenplatz: In Lebensgröße an der Garderobe? Die Kinder legen sich jeweils auf ein Stück Tapeten- oder Malpapierbahn und lassen sich von einem anderen Kind mit einem Stift umfahren. Den so entstandenen Körperabdruck gestalten die Kinder, indem sie sich ihre Lieblingskleider an den Körper malen. Als Kopf dient diesmal ein in Lebensgröße fotografiertes und ausgedrucktes Portraitfoto, das ausgeschnitten und angeklebt wird. Alles ausschneiden und hinter der Garderobe so anbringen, dass der Kopf gut sichtbar ist. Auch ein Namensschild sollte ergänzt werden.

WARUM DEN GARDEROBENPLATZ MIT EINEM SELBSTBILDNIS DER KINDER GESTALTEN?

Immer wieder vertauschen Kinder ihre Jacken, Mützen und andere Kleidungsstücke, weil sie sich im Garderobenplatz irren. Durch die Kennzeichnung der Plätze mit den Bildern, die die Kinder selbst erstellt haben, können sich die Kinder auch entsprechend wiederfinden. So minimieren Sie die Probleme, dass Kinder ihre Kleidung vertauschen oder ihren Platz nicht finden. Sich selbst als Bild anzusehen und das am eigenen Garderobenplatz ist außerdem auch eine besondere Würdigung jedes Kindes. Gerade Kinder aus anderen Ländern, die neu in die Kita kommen, finden sich anhand ihres eigenen Bildes besser zurecht. Sich selbst direkt im Eingangs- oder Garderobenbereich zu treffen: Das kann auch ein besonderes Gefühl von Willkommensein und Zuhause-Sein vermitteln. Gerade für jüngere Kinder und Kinder, denen die Trennung von Eltern oder Großeltern schwerfällt, kann dies ein Weg sein, damit sich das Kind jeden Morgen auf die Kita (und sich selbst) freut.

BEWEGUNGSRAUM

EINE TRAUMREISE UNTER DIE ERDE

Stell dir vor, du wärst ein Regenwurm

Wie es sich wohl anfühlt, ein Regenwurm zu sein? Kommen Sie mit unter die Erde und finden Sie es mit den Kindern heraus! In dieser kleinen Traumreise entführen wir Sie ins Reich unter der Kita-Wiese. Lassen Sie am Ende der Geschichte den Kindern noch ein bisschen Zeit, um liegen zu bleiben, zu kuscheln und die Geschichte nachwirken zu lassen.

VON MICHAELA LAMBRECHT

© igreen_images/Thinkstock

ALTER

Ab 4 Jahre

MATERIAL

- Für jedes teilnehmende Kind 1 kleine Matte und 1 kleine Decke
- CD-Spieler mit Entspannungsmusik

VORBEREITUNG

Bereiten Sie gemeinsam mit den Kindern den Raum vor, indem sie angenehme Lichtverhältnisse schaffen, den Raum nach Wünschen und Ideen der Kinder möglicherweise etwas abdunkeln und kleine gemütliche Lichtquellen schaffen. Stellen Sie die Entspannungsmusik leise an. Die Kinder dürfen sich zur Musik eine Matte suchen und sich bequem zurechtkuscheln. Nach Wunsch können die Kinder die Augen schließen oder auch offen lassen.

→

DIE TRAUMREISE

Stell dir vor du wärst kein Kind, sondern ein kleiner Regenwurm. Du lebst nicht in einer Wohnung oder in einem Haus mit einer Familie, sondern in einer Höhle mit vielen Gängen unter der Erde.

Du bist der kleinste Regenwurm in deiner Familie. Du hast fünf größere Regenwurmgeschwister und lebst mit Mama und Papa unter der Erde. Alle passen gut auf dich auf und in der Erde ist es sehr gemütlich.

Dort ist es ganz dunkel und weich und angenehm, so wie es Regenwürmer mögen.

Nur wenn es regnet, kommst du mit deiner Familie aus der Erde gekrochen.

Gespannt kriechst du deinen Geschwistern hinterher und bist interessiert an den vielen Eindrücken und Erlebnissen über der Erde.

Ah, da ist schon Licht zu sehen. Du schlängelst dich nach oben. Als du heute den Kopf aus der Erde streckst, siehst du gar nicht weit entfernt von dir zwei Kinder. Du bist im Außengelände einer Kita herausgekommen und die Kinder sitzen auf dem Boden und buddeln in der Erde.

Das ist interessant, so sind also Menschenkinder. Du bist so vertieft, dass deine Familie schon viel weiter gekrochen ist.

Wo sind deine Eltern? Hilflos schaust du dich um und fängst zu weinen an. Doch welch ein Glück, da kommt auch schon deine Mama zurück und sagt liebevoll zu dir: „Träumst du, kleiner Regenwurm?“ Glücklich kriechst du deiner Mama und deinen Geschwistern wieder hinterher zurück in eure Höhle.

Dort rollst du dich zufrieden zusammen und ruhst noch ein Weilchen aus.

Regenwurm auf meiner Hand: glitschig, kühl und irgendwie freundlich

Noch mehr Ideen

REGENWURM-BEWEGUNGSBAUSTELLE

Vor der Regenwurm-Entspannungsgeschichte können die Kinder schon in die Rolle eines Regenwurms schlüpfen, indem sie mit Ihnen einen Regenwurm-Parcours erfinden: Die Regenwurmfamilie muss vielleicht, um das Regenwurmnest zu verlassen, einen besonders engen Gang passieren (Kriechtunnel), dann sind plötzlich Wurzeln im Weg, über und unter denen die Regenwürmer erst hindurchkriechen müssen (unter zwei aneinander gestellten Tischen hindurchkriechen, dann über einen Kissenberg kriechen). Als die Regenwürmer schon fast an der Erdoberfläche sind, müssen sie durch eine Schicht Laub kommen (durch mehrere übereinander gelegte Decken schlüpfen). Und schließlich wohnt in der Laubschicht auch noch ein Maulwurf, der Regenwürmer einfach furchtbar lecker findet (Sie strecken ihre Hand unter die Decken und versuchen, die Regenwürmer zu erwischen – was Ihnen natürlich nicht gelingt!). Den Kindern fallen bestimmt noch mehr unterirdische Hindernisse ein. Auch Turngeräte im Bewegungsraum können Sie dabei integrieren. Jetzt haben sich die Regenwürmer eine kleine, gemütliche Ruhepause unter einem schützenden Löwenzahnblatt verdient.

ENTSPANNEN, ERHOLEN UND WAHRNEHMEN MIT WARMEN STEINEN

Hot-Stone-Massage

Einen warmen Kieselstein mit den Händen anzufühlen: Diese wohltuende Erfahrung möchten sicherlich alle Kinder gern machen. Schon das Erhitzen der Steine ist für die Kinder etwas Neues. Der nächste Schritt zur Massage sollte Kindern vorbehalten sein, die dies ausdrücklich wünschen. Ein einfacher Einstieg mit zunächst einem Stein bietet sich an. Je nach Ideen und Wünschen der Kinder können Sie dann Ihre Massage gemeinsam aufbauen und mehrere Steine mit dazunehmen. Eine kleine Anleitung zum Nach- oder Andersmachen finden Sie hier. Für die Kinder stellt das Wahrnehmen des eigenen Körpers beim Kontakt mit dem glatten, warmen Stein eine ganz besondere Erfahrung dar.

VON BRITTA BARTOLDUS

ALTER

Ab 4 Jahre

MATERIAL

- Große Kieselsteine mit möglichst glatter Oberfläche
- Schüsseln aus Kunststoff
- Pro Kind 1 sauberer Spülschwamm
- Topf
- Wasser
- Herd
- Handtücher
- Thermometer
- 1 Turnmatte oder Decke für jedes Kind
- Falls nötig Spülmittel
- Kuscheldecken, Duftlämpchen, kleine Lichtchen nach Wunsch der Kinder

VORBEREITUNG

Auf einem Spaziergang sammeln Sie mit den Kindern Kieselsteine mit einer möglichst glatten Oberfläche. Falls sich in der Umgebung Ihrer Kita keine solchen Steine finden lassen, können Sie auch im Baumarkt oder im Internethandel Steine erwerben. Achten Sie darauf, dass die Steine keine scharfen Ecken und Kanten aufweisen und sich angenehm anfühlen. Jedes Kind sollte mindestens drei Kieselsteine zu seiner Verfügung haben. Anschließend darf jedes Kind die Kieselsteine in einer kleinen Plastikschüssel mit Wasser gründlich reinigen. Dazu reicht ein Schwamm und falls nötig ein kleiner Tropfen sanftes Spülmittel.

→

Bevor Sie mit der Massage starten, können Sie den Raum gemeinsam mit den Kindern in eine Wohlfühl-Oase verwandeln. Dazu ist nicht viel nötig: Sorgen Sie für eine angenehme Raumtemperatur, verwenden Sie je nach Wunsch und Möglichkeit und nach Ideen der Kinder Duftlämpchen, kleine Lichtquellen für ein schönes Licht oder was auch immer zu Ihrer Entspannung beiträgt. Legen Sie Matten oder Matratzen und Kuscheldecken bereit.

© milicad/Thinkstock

DEN WARMEN STEIN KENNENLERNEN

Geben Sie mit den Kindern die Steine in einen Topf. Erwärmen Sie die Steine etwa 15 Minuten im Wasserbad. Dabei kontrollieren Sie regelmäßig die Wassertemperatur. Wenn das Wasser eine Temperatur von 60 °C erreicht hat, kontrollieren Sie, ob die Steine eine angemessene Temperatur haben. Denken Sie bitte daran, dass Kinder Wärme intensiver spüren als Erwachsene. Seien Sie also vorsichtig, damit es nicht zu Verbrennungen kommt. Holen Sie die Steine vorsichtig aus dem Wasserbad und legen Sie sie - eingewickelt in ein Handtuch - bereit.

Gehen Sie mit den Kindern in den vorbereiten, ruhigen Raum. Die Kinder setzen sich zunächst auf die Matten. Geben Sie zu Beginn jedem Kind erst einmal einen Kieselstein in die Hand. Fragen Sie die Kinder wie sich der Stein anfühlt. Lassen Sie die Kinder mit dem Stein ihren eigenen Körper berühren.

DIE MASSAGE BEGINNT

Jetzt finden sich die Kinder, die bei der Massage mitmachen möchten, zu Paaren zusammen. Ein Kind legt sich auf den Bauch. Das andere Kind bekommt einen warmen Kieselstein. Machen Sie die folgenden Aufgaben vor, damit die Kinder eine bessere Vorstellung haben.

MÖGLICHE MASSAGEIDEEN

1. ***Streiche mit dem Stein vorsichtig über den Rücken.***
2. ***Male mit dem Stein Kreise auf den Rücken.***
3. ***Fahre mit dem Stein über die Arme und Beine deines Partners.***
4. ***Klopfe vorsichtig mit dem Stein die Arme und Beine deines Partners.***

Fragen Sie die Kinder nach eigenen Ideen. Was könnte noch gut tun? Anschließend wird getauscht. So wird jetzt der Partner massiert.

Noch mehr Ideen

Wieder gehen die Kinder zu zweit zusammen. Ein Kind legt sich auf den Bauch, dem anderen Kind geben Sie fünf Kieselsteine. Diese werden vorsichtig auf den Rücken des Partners gelegt. Dort ruhen die Steine eine Weile. Anschließend soll der Partner vorsichtig auf die Steine drücken. Eine weitere Möglichkeit besteht darin, die Steine vorsichtig über den Rücken des Partners zu schieben. Wichtig ist dabei, dass die Bewegungen ganz langsam durchgeführt werden. Lassen Sie die Kinder selbst Ideen entwickeln und ausprobieren, was ihnen gefällt.

EIN BEWEGUNGSSPIEL MIT GELÄCHTER UND GERENNE

Lieblingsessen-Nachlauf

Ein Teller Spaghetti jagt ein Wiener Schnitzel? Ein Brokkoliauflauf auf der Flucht vor einem Pfannkuchen? Bei diesem Bewegungsspiel darf gelacht und getobt werden.

VON TINA SCHERER

Im Sitzkreis fragen Sie die Kinder nach ihrem Lieblingsessen. Möglicherweise wissen die Kinder nicht direkt, was sie gern mögen. Es sollte sich um eine zubereitete Speise, vielleicht ein Mittagessen, handeln. Um es einfacher zu machen, können Sie die Speisekarte der Kita vorlesen oder die aus einem Restaurant – oder Sie fragen, was die Kinder zuhause am liebsten essen. Sammeln Sie auf diese Weise viele Lieblingsessen. Die Kinder illustrieren ihre Lieblingsessen auf kleinen Zetteln. Alle Zettel können auf der Rückseite mit den Namen der Kinder beschriftet werden und kommen in ein Körbchen. Damit das Spiel nachher reibungslos klappt, können alle Bildchen vorab besprochen werden, sodass jedes Kind weiß, was die Bilder darstellen sollen.

→

ALTER

Ab 3 Jahre

MATERIAL

- 1 Körbchen
- Kleine Zettel, beispielsweise von einem Zettelblock
- Buntstifte
- Filzmaler
- Speisekarten

RATERUNDE

In der Raterunde zieht ein Kind einen Zettel aus dem Körbchen, schaut sich die Zeichnung an und nennt das dort aufgemalte Lieblingsessen, etwa: „Spaghetti mit Hackfleischsoße." Nun raten alle gemeinsam, wessen Lieblingsessen das wohl war. Das ermittelte Kind darf als nächstes einen Zettel aus dem Körbchen ziehen.

© andresrimaging/Thinkstock

RENNRUNDE

Nun zieht die Erzieherin einen Zettel. Sie ruft: „Die Spaghetti mit Hackfleischsoße ...", zieht einen zweiten Zettel und ruft: „... jagen den Wackelpudding!" Alle Kinder, die diese beiden Lieblingsspeisen angegeben haben, setzen sich nun in Bewegung und rennen einen Runde um den Sitzkreis. Gelingt es den Spaghetti dabei, den Wackelpudding abzuschlagen, dürfen die Spaghetti das nächste Jagdpaar ausrufen, indem sie Zettel aus dem Korb ziehen. Gelingt es nicht, ist der Wackelpudding dran. Es kann sein, dass eine bestimmte Lieblingsspeise sehr häufig an die Reihe kommt, das sorgt für großes Gelächter. Lachen Sie mit!

EXTRATIPP

Noch mehr Lieblingssachen können die Kinder auf Kopiervorlage Nr. 6, Seite 105 finden und erfinden.

© dulezidar/Thinkstock

KÖRPERWAHRNEHMUNG MIT FINGERN UND LACHMUSKELN

Die Greifkiste

Nur an einem Finger erkennen, welches Kind sich hinter einer Greifwand oder in einer Fühlkiste verbirgt? Oder an der Nase? Gar nicht so einfach. Die Greifkiste garantiert Ihnen über eine lange Zeit hinweg immer wieder Spaß und Gelächter – und schult neben der Körperwahrnehmung auch den Respekt vor anderen. Vor allem aber macht das Spielen Riesenspaß.

VON MARGOT LINDNER

ALTER

Ab 3 Jahre

HERSTELLUNG

Den Karton an einer Seite aufschneiden und auf diese Art in eine Stellwand verwandeln. Die Kinder können den Karton an der Außenseite mit flüssigen Farben, Pinseln und Schwämmchen anmalen. Gut trocknen lassen.

Mit einem Filzstift malen die Kinder Öffnungen vor. Die Öffnungen sollten verschiedene Größen haben und auf der gesamten Fläche gut verteilt sein. Die vorgezeichneten Stellen mit Scheren und Cuttern ausschneiden. Da Cutter oder Teppichmesser sehr scharf sind, sollten Kinder nur unter genauer Aufsicht damit hantieren.

→

MATERIAL

- 1 sehr großer Karton, beispielsweise von einer Fernsehgeräteverpackung
- Cutter/Teppichmesser (benutzt nur die pädagogische Fachkraft oder ein Kind unter genauer Aufsicht)
- Scheren
- Stabiles Klebeband
- Flüssige Farben
- Dicke Pinsel und Schwämmchen
- Stoffreste aller Art
- Filzstift

Alle Öffnungen nun von innen mit Hilfe des Klebebandes und der Stoffreste hinterkleben. Dabei ist es wichtig, dass der Stoff von innen die gesamte Öffnung bedeckt, aber leicht angehoben werden kann, wenn ein Kind seine Hand hindurchstecken möchte. Darum den Stoff nur von oben an der Innenwand festkleben.

Alternativ können Sie auch einen Karton auswählen, der so groß ist, dass ein Kind sich problemlos im Innern verstecken kann. Dann sollten Sie am besten Deckel und Boden des Kartons entfernen und ein Türchen einschneiden, durch das die Kinder ins Innere und wieder hinaus gelangen können. Manche Kinder könnten sich in einem dunklen Karton mit Decke/Deckel fürchten. Die Stellwandvariante bietet zudem den Vorteil, dass sich mehrere Kinder gleichzeitig verstecken können.

Wessen Hand das ist? Da muss ich genau hinfühlen ...

SPIELIDEEN

Wenn Ihre Greifkiste oder Greifwand groß genug ist, dass mehrere Kinder darin oder dahinter Platz haben, sollten Sie das nutzen. Die Kinder hinter der Wand strecken Finger, Nasen, Füße, Zehen, Ohren ... durch die Öffnungen. Die Kinder vor der Wand dürfen durch Betrachten und sanftes (!) Berühren herausfinden, zu wem diese Körperteile gehören. Ist Ihre Greifkiste kleiner, wählen Sie heimlich ein Kind aus, das sich freiwillig meldet, damit die anderen Kinder nicht direkt herausfinden, wer erraten werden muss.

Noch mehr Ideen

Auch als **Wurfwand** können Sie die Greifkiste oder Greifwand verwenden. Dazu stellen Sie einen Korb mit geeigneten, weichen Wurfgeschossen (weiche Bälle, Styropor-, Papier- und Alufolienkugeln, Wattekugeln) bereit. Für das Treffen in kleine Öffnungen gibt es natürlich mehr Punkte als für die großen Öffnungen. Da fallen den Kindern sicherlich noch einige Spielregeln ein.

Auch bei einem Fest sorgt die Greifkiste oder Greifwand (oder die Zielwurf-Wand) für Spaß und Unterhaltung.

Stabiler und auch langlebiger ist sie, wenn sie aus dünnem Holz (etwa 3 Spanplatten für eine Stellwand) und mit Scharnieren hergestellt wird. Vielleicht findet sich dafür ja ein handwerklich motiviertes Elternteil.

EINE BEWEGUNGSEINHEIT MIT KÖRPERKONTAKT

Ringen, Raufen, Kräftemessen

Ringen und Raufen soll wichtig sein? Und ob! Wie bei Streitigkeiten und anderen Konflikten bieten auch Ringen und Raufen Möglichkeiten für vielfältige soziale und emotionale Lernprozesse. Kinder können sich dabei austoben und ihrem Bewegungsdrang nachkommen. Sie haben Körperkontakt, stellen erste soziale und körperliche Vergleichsprozesse an und machen sich ihre Welt zu eigen. Viele „Kämpfe", die für Erwachsene ernst aussehen, sind für Kinder Spaß. Hier gilt es natürlich genau hinzusehen und zu erkennen, was Spiel ist und wo Sie einschreiten müssen. Eine Bewegungsstunde, die aufs Kräftemessen, Vergleichen und Austoben ausgelegt ist.

VON BRITTA BARTOLDUS

© RimDream/Thinkstock

ALTER

Ab 3 Jahre

MATERIAL

- CD-Spieler
- CD mit Bewegungsmusik
- 1 Chiffontuch für jedes Kind
- Kreppband
- 4 Gymnastikreifen
- 1 Turnmatte pro Paar
- 1 Gymnastikball pro Paar
- 1 Sandsäckchen pro Paar

KLATSCHBEGRÜSSUNG

Alle Kinder bewegen sich zur Musik. Wenn die Musik stoppt, sucht sich jedes Kind einen Partner. Die Kinder begrüßen ihren Partner, indem sie erst dreimal in die eigenen Hände klatschen, dann dreimal auf die Hände des Partners und dreimal auf die Schultern des Partners.

AUFWÄRMEN: *Schwänzchen fangen*

Bei diesem Spiel spielt jeder gegen jeden. Geben Sie jedem Kind ein Chiffontuch. Dieses Tuch stecken die Kinder als Schwänzchen hinten in die Hose. Jedes Kind versucht den anderen Kindern möglichst viele Schwänzchen zu klauen. Gestohlene Schwänzchen bringen die Kinder zu Ihnen. Wenn ein Kind kein Schwänzchen mehr hat, kann es sich bei Ihnen ein neues Schwänzchen holen.

REGELN FÜR DEN HAUPTTEIL

Treffen Sie sich mit den Kindern im Kreis. Erklären Sie den Kindern, dass es beim Ringen und Raufen ganz wichtig ist, sich an Regeln zu halten, damit keiner verletzt wird.

→

EXTRATIPP

Fertigen Sie für die Kinder doch einen Turnhallen-Führerschein an. Eine Vorlage finden Sie bei den Kopiervorlagen auf der letzten Seite im Ordner.

REGELN

1. Wir tun unserem Partner nicht weh! Also kein Beißen, Kneifen, Treten, Hauen und so weiter. Benennen Sie genau, was nicht erlaubt ist, und greifen Sie die Ideen der Kinder auf.

2. Wenn der Partner „Stopp!" ruft, wird das Spiel sofort unterbrochen.

3. Es wird kein Schmuck getragen! Das ist gefährlich und kann mich und andere verletzen!

SPIEL: Komm auf meine Seite!

Die Kinder gehen zu zweit zusammen. Kleben Sie für jedes Paar eine etwa 1 m lange Linie aus Kreppband auf den Boden. Die Kinder stellen sich gegenüber an der Linie auf. Sie halten sich mit einer Hand fest. Jetzt versuchen die Partner sich gegenseitig über diese Linie zu ziehen.

SPIEL: Tritt in die Pfütze!

Die Kinder bilden Dreier- oder Viererteams. Die Kinder halten sich in einem Kreis an den Händen. Ein Gymnastikreifen (Pfütze) liegt zwischen den Kindern auf dem Boden. Jetzt versuchen die Kinder sich gegenseitig in den Gymnastikreifen zu ziehen.

SPIEL: Rückenkampf

Die Kinder finden sich zu Paaren zusammen und setzen sich Rücken an Rücken hin. Jetzt versuchen sie sich gegenseitig wegzuschieben.

SPIEL: Ballduell

Die Kinder finden sich zu Paaren zusammen. Sie holen sich zusammen eine Turnmatte und einen Gymnastikball. Die Kinder setzen sich auf die Turnmatte. Ein Kind hält den Gymnastikball fest. Das andere Kind versucht den Ball zu bekommen.

SPIEL: Schildkröten

Für eine Schildkröte ist es am schlimmsten, auf dem Rücken zu landen. Die Kinder finden sich zu Paaren zusammen. Ein Kind liegt auf dem Bauch auf der Turnmatte. Das andere Kind probiert, es auf den Rücken zu drehen.

SPIEL: Runter von der Matte!

Die Kinder bilden Paare. Sie treffen sich kniend in der Mitte der Turnmatte. Auf ein Startsignal hin versuchen die Kinder sich gegenseitig von der Turnmatte zu schieben. Verloren hat das Kind, das als erstes den Boden berührt.

AUSKLANG: EINE FÜHLGESCHICHTE MIT SANDSÄCKCHEN

Die Kinder finden sich zu Paaren auf einer Matte zusammen. Ein Kind legt sich auf den Rücken. Das andere Kind setzt sich neben das liegende Kind. Geben Sie den sitzenden Kindern jeweils ein Sandsäckchen in die Hand. Lesen Sie den Kindern die folgende Geschichte vom kleinen Zwerg vor. Die Kinder sollen die Sandsäckchen während der Geschichte an die passenden Körperstellen ihres Partners legen. Nach der Geschichte tauschen die Kinder.

DIE GESCHICHTE VOM ZWERG

Ein Zwerg springt über eine Wiese. Er hüpft erst auf dem rechten Fuß und dann auf dem linken Fuß. Er entdeckt einen Baumstamm, der über einen Fluss führt. Er krabbelt erst vorsichtig mit dem rechten Knie auf den Baumstamm und dann mit dem linken Knie. Auf der anderen Seite angekommen rutscht er vom Baumstamm herunter und landet auf seinem Bauch. Er geht den kleinen Waldweg weiter und entdeckt einen großen Apfelbaum am Wegrand. Die Äpfel sehen aber lecker aus! Er greift mit der linken Hand nach einem großen, roten Apfel. Mit der rechten Hand macht er den Apfel sauber. Dann macht er sich auf den Rückweg und erinnert sich in seinem Kopf an das kleine Abenteuer.

EINE KLEINE ERHOLUNG FÜR ALLE KÖRPERTEILE

Von Kopf bis Fuß entspannt

Bei dieser kleinen Entspannungsübung reisen die Kinder durch ihren Körper und widmen den einzelnen Körperteilen Aufmerksamkeit. Durch die kleinen Bewegungen innerhalb der Entspannung werden die Muskeln gelockert. Der Unterschied zwischen Anspannung/Bewegung und Abschlaffen/Ruhigliegen wirkt sich erholsam auf alle Körperbereiche aus. Machen Sie es sich und den Kindern gemütlich, damit Sie diese kleine Pause vom Alltag bewusst und wohlig genießen können.

VON MICHAELA LAMBRECHT

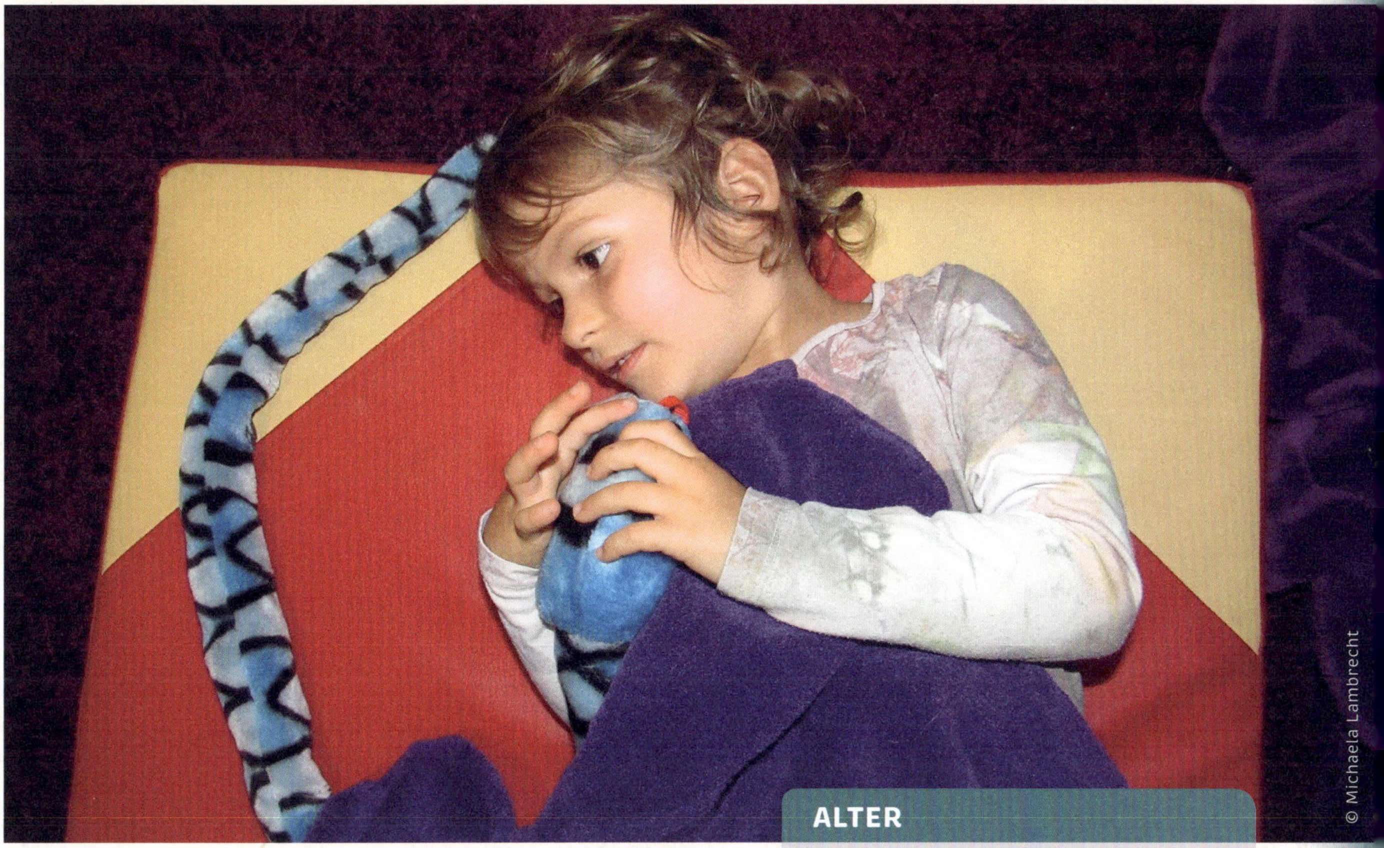

ALTER

Ab 4 Jahre

MATERIAL

- Für jedes teilnehmende Kind 1 kleine Matte und 1 kleine Decke
- 1 Klangschale

VORBEREITUNG

Verdunkeln Sie den Raum und legen Sie Matten und Decken bereit. Achten Sie darauf, dass der Raum nicht komplett abgedunkelt ist, denn dies kann bei den Kindern Ängste auslösen.

DURCHFÜHRUNG

Die Kinder dürfen sich entspannt auf die Matte legen. Wer möchte, darf die Augen schließen. Lesen Sie jetzt langsam die Geschichte vor. Bei jedem neuen Körperteil schlagen Sie kurz die Klangschale an.

→

VON KOPF BIS FUSS

Ich habe mich heute schon ganz viel bewegt
und jetzt ist es Zeit, sich etwas auszuruhen.
Zuerst darf sich unser Kopf etwas ausruhen.
(Klangschale anschlagen)

Wir drehen ihn noch einmal nach links und nach rechts,
dann darf er sich ausruhen.

Auch unsere Finger waren fleißig.
(Klangschale anschlagen)

Wir lassen kurz unsere Finger zappeln
und dann dürfen sie sich ausruhen.

Unsere Arme sind auch schon müde und schwer.
(Klangschale anschlagen)

Wir heben sie kurz einmal hoch
und jetzt dürfen sie sich ausruhen.

Unser Rücken hat auch viel zu tun.
(Klangschale anschlagen)

Wir schieben unseren Rücken auf der Matte einmal hin und her.
Jetzt darf er sich ausruhen.

Am müdesten sind unsere Beine.
Sie sind viel gelaufen.
(Klangschale anschlagen)

Wir heben zuerst das rechte Bein und dann das linke Bein kurz hoch.
Jetzt dürfen sich unsre Beine ausruhen.

Auch unsere Zehen sind müde.
(Klangschale anschlagen)

Wir lassen sie kurz zappeln
und dann dürfen sie sich ausruhen.

Jetzt haben wir uns ausgeruht
und wir haben wieder Kraft und Energie.

KLANGWERKSTATT

EIN MITMACH-LIEDCHEN FÜR DEN MORGENKREIS

Ich bin ich

Ein Zwischendurch-Song, der schnell erlernt ist und sich mit den Kindern auf vielfältige Art ins Tagesprogramm einsetzen lässt? Bitteschön: Beim Ich-bin-ich-Lied können außerdem auch schon die jüngeren Kinder in der Gruppe mitmachen.

VON MARGOT LINDNER

ALTER

Ab 2 Jahre

BEWEGUNGEN

Die Kinder bilden einen lockeren Steh- oder Sitzkreis. Ein Kind steht mit Ihnen in der Mitte. Zur Melodie von „Funkel, funkel, kleiner Stern" singen Sie beide gemeinsam die ersten beiden Zeilen und zeigen dabei zuerst auf sich selbst, dann auf die Kinder im Kreis. In den beiden nächsten Zeilen denkt sich das Kind mit Ihnen eine bestimmte Bewegung, beispielsweise klatschen aus. Die letzten beiden Zeilen singen dann alle gemeinsam und begleiten ihren Gesang durch rhythmisches Klatschen.

Am Ende des Liedes darf das Kind ein nächstes Kind bestimmen, das nun in die Mitte kommt und sich eine Bewegung ausdenkt, bis zum Schluss alle Kinder in der Mitte bzw. gemeinsam stehen. Mögliche weitere Bewegungen sind beispielsweise hüpfen, stampfen, tanzen, springen, trommeln, trompeten, trippeln, schleichen ...

ICH BIN ICH

Ich bin ich und du bist du.
Schau mich an,
was kannst denn du?
Ich bin ich und du bist du,
ich kann klatschen immerzu.
Wir sind wir und das ist schön,
wollen gerne mit dir geh'n.

EINE KLANGGESCHICHTE FÜR JEDEN NEUEN KITA-TAG

Ich geh heut' in den Kindergarten

VON MICHAELA LAMBRECHT

© Nadezhda1906/Thinkstock

Auf einem Xylophon entlanglaufen und die eigenen Schritte musikalisch hörbar machen, sich mit einem Triangel begrüßen: In dieser Geschichte stellen die Kinder ihren Alltag mit Rhythmusinstrumenten nach. Bestimmt haben die Kinder Ideen, um die Geschichte mit weiteren Stationen und Instrumenten zu ergänzen?

ALTER

Ab 4 Jahre

MATERIAL

- Klangstäbe
- Glockenspiel
- Triangel
- Guiro
- Handtrommel
- Holzblocktrommel
- Xylophon
- Tablett
- Tuch

Wenn es möglich ist, üben Sie den Text der Klanggeschichte im Vorfeld ein, sodass Sie den Text ungefähr auswendig können. Stellen Sie die Instrumente auf einem Tablett oder Tisch unter einem Tuch verdeckt bereit. Lassen Sie vor Beginn die Kinder alle Instrumente kurz ausprobieren. Wie klingt das Instrument laut und wie leise, wie schnell und wie langsam? Benennen Sie die Instrumente oder fragen Sie die Kinder, welche Instrumente sie bereits kennen. Wer weiß schon, wie die Instrumente gespielt werden? Machen Sie die Klanggeschichte mehrmals vor, bevor die Kinder mitmachen. Wenn es möglich ist, spielen Sie die Klanggeschichte mehrmals, so können die Kinder die Instrumente wechseln.

Ich geh heut' in den Kindergarten
Ich geh heut' in den Kindergarten,
(Mit den Klangstäben klopfen)

wo meine Freunde auf mich warten,
(Mehrere unterschiedliche Töne auf dem Glockenspiel anschlagen)

die Anna ist schon da, Hurra!
(Einmal die Triangel schlagen)

Gemeinsam spielen wir verstecken
(Das Guiro streichen)

im Garten, in den grünen Hecken.
(Weiter das Guiro streichen)

Auch das Turnen: wunderschön!
(Mehrmals auf die Trommel schlagen)

Zeit, so bleib doch bitte steh'n!
(Mehrmals auf eine Holzblocktrommel schlagen)

Der Kindergarten ist jetzt aus
und alle laufen schnell nach Haus.
(Auf einem Xylophon entlangfahren)

EINE KLANGGESCHICHTE ZUM VERTONEN VON GEFÜHLEN

Die traurige Eule

Sich in die Gefühle von anderen hineinzuversetzen: Das ist für Kita-Kinder entwicklungsbedingt manchmal und je nach Alter noch schwierig. Andererseits ist gerade die Entwicklung von Empathie wichtig für das soziale und emotionale Lernen. In dieser Klanggeschichte vertonen die Kinder das Lachen und die Traurigkeit mit Orff'schen oder Rhythmikinstrumenten und/oder der eigenen Stimme. Auch Geräuscheutensilien wie trockenes Laub können die Kinder mit in das Hörerlebnis einbinden.

TINA SCHERER

© ShaunWilkinson/Thinkstock

© Rinelle/Thinkstock

ALTER

Ab 4 Jahre

MATERIAL

- Triangel (Feen)
- Becken oder Schellenring (Eule)
- Metallophon (Waldmäuse)
- Trommel oder Pauke (Wildschweine)
- Hellere Trommel (kleines Wildschwein)
- Glöckchen oder Zimbeln, falls vorrätig: Mundgeige (Grashüpfer)
- Rasseln oder Maracas (Wind)
- Bei Bedarf: Trockenes Laub

DIE GESCHICHTE VON DER TRAURIGEN EULE

Im Märchenwald leben viele Märchenwesen und Tiere. Manche davon sind immer fröhlich, wie die **Waldmäuse**, die mit den **Feen** Fangen spielen. Könnt ihr sie im **Laub rascheln** hören?

Und könnt ihr auch die Feen hören, wie sie kichern? **Feengelächter** ist zart und hell, aber man kann es nur hören, wenn man ganz, ganz leise ist.

Die **Feen** und die **Mäuse** sind also ziemlich lustig und immer fröhlich. Aber es gibt auch eine **Eule**, die immer traurig ist. Nachts sitzt sie in einer hohen Eiche, in der der **Wind** spielt, und **ruft in die Nacht**. Das kommt davon, dass die Eule ganz allein ist, denn nachts schlafen die meisten anderen Tiere, oder?

Nein, das stimmt nicht. Da gibt es zum Beispiel die **Wildschweinfamilie**, die nachts ihre Schlammbäder am Flussufer nimmt. Das ist ein **Gegrunze** und **Gematsche**! Schon allein bei diesem Anblick müsste **die traurige Eule** eigentlich einmal lachen.

Das kleinste **Wildschwein** ist gerade mit dem Kopf in einen großen Matschhaufen gerannt. Es schüttelt sich, dass die Matschklumpen fliegen. Klatsch und flatsch!

Das findet die **Eule** nun doch ziemlich lustig. Ein kleines bisschen **lachen** muss sie jetzt schon. Habt ihr schon einmal eine Eule lachen hören? Nicht? Das kommt davon, dass man Eulen so selten lachen hört und sie immer traurig sind.

Die **Feen** freuen sich, dass die Eule einmal lacht. Ein paar **Grashüpfer** freuen sich ebenfalls und klatschen laut Applaus. Und ein **Fuchs**, der auf die Jagd in der Dunkelheit geht, bellt mit.

„Schön, dass du mal lachst, Eule!“, ruft der **Fuchs**. „Und wie gut, dass die Wildschweine so eine Matscherei machen!“ Auch der **Wind** freut sich und rauscht ordentlich in der alten Eiche. Und auch die anderen Tiere freuen sich mit der Eule. Sie klatschen und lachen und der Wind rauscht. Das ist ein **Lärm im Märchenwald**!

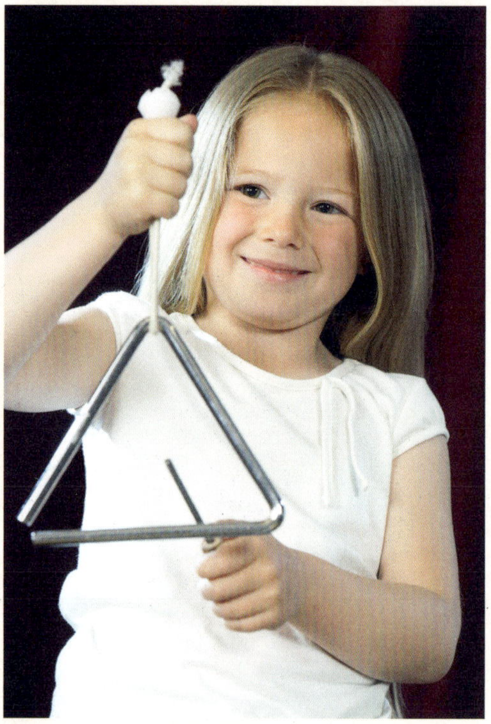

Gefühle mit Klängen darstellen: Da bekommen die fröhlichen Feen den Triangel

MIT KLÄNGEN, GERÄUSCHEN UND STIMMUNGEN

Mein ganz individuelles Tonbild

Tonbilder zu erzeugen, hört sich auf das erste Hinhören schwierig an. Das muss aber nicht sein. Sie brauchen nur ein Aufnahmegerät und Ideen der Kinder für Geräusche und Musik. Dann kann's losgehen ...

VON TINA SCHERER

© Brezina/Thinkstock

Bei dem Tonbild geht es nicht um das perfekte Mastering oder Abmischen von Tönen und Musik, sondern darum, einzufangen, was die Kinder gerade bewegt. Jedes Kind bekommt für sein Tonbild das Diktiergerät. Dafür sollte das Kind außerdem eine kurze Unterweisung im Umgang mit dem Gerät bekommen. Dann geht es los.

→

ALTER

Ab 5 Jahre

MATERIAL

- Aufnahme- und Abspielgerät (Diktiergerät, das Daten an einen PC übertragen kann)
- Geräuschemacher nach Ideen der Kinder (siehe bei den einzelnen Ideen)
- Speichermedien (USB-Sticks oder CDs)

VARIANTE FÜR JÜNGERE KINDER

Mit dem Diktiergerät kann das Kind einfangen, was ihm wichtig ist, zum Beispiel Teile von Lieblingssongs, Lieblingsnaturgeräusche (Vogelzwitschern, Regen), die Stimme eines Freundes, die Gruppe beim Singen des Lieblingsliedes, aber auch Alltagsgeräusche wie das Kochen eines Lieblingsgerichtes. Geräusche können auch mit Geräuschemachern erzeugt werden, etwa Knistern mit Backpapier für ein Feuer. Da fällt den Kindern sicher selbst viel mehr ein.

© guruXOOX/Thinkstock

Ich erzähle mein eigenes Tonbild

VARIANTE FÜR ÄLTERE KINDER

Eine Lieblingsszene aus einem Bilderbuch, Film oder Hörspiel können die Kinder folgendermaßen einfangen: Hintergrundgeräusche wie Wind, Feuer, Regen, Tierstimmen aufzeichnen. Regen kann zum Beispiel dargestellt werden, wenn Wasser umgeschüttet wird oder wenn eine Gießkanne in eine Pfütze gießt. Auch die eigene Stimme oder die eines Freundes kann Geräusche erzeugen. Dazu kann das Kind die Passage (ein bis fünf Sätze) nacherzählen, die ihm so gut gefallen hat. Als Abspann kann eine kurze Musik aufgespielt werden.

Alle Tonbilder können die Kinder mit Ihrer Hilfe auf einen Computer übertragen und dort auf Speichermedien festhalten. CDs und USB-Sticks können die Kinder nach Möglichkeit von zuhause mitbringen und bespielt wieder dorthin mit zurücknehmen, um ihre Tonbilder auch den Eltern vorzuspielen.

Noch mehr Ideen

MEIN DUFTBILD

Wie wäre es statt mit einem Hörbild einmal mit einem Duftbild? Düfte wirken auf unser Hirn ganz besonders eindrücklich. Wir können uns an Gerüche und Düfte über lange Zeiten zurückerinnern und manchmal regen Düfte in uns etwas an, ohne dass wir es uns direkt erklären können.

Ein Duftbild könnte auf einer Wiese entstehen: Wie und was riecht hier? Gras, Blumen und Erde können Kinder auf einem Kartonkärtchen aufkleben. Auch Duftkräuter können dazukommen. Ein Duftbild für den Advent könnte aus Backgewürzen und Tannennadeln bestehen.

FORSCHERLABOR

FINGERABDRÜCKE KENNENLERNEN

Ich bin unverwechselbar

Fingerabdrücke sind etwas ganz Besonderes, denn sie sind bei jedem Menschen anders. Mehr über diese spannende Tatsache lesen Sie im Kasten. Fingerabdrücke sind auch für Kinder spannend. Und es lassen sich viele Experimente damit durchführen.

VON BRITTA BARTOLDUS

ALTER

Ab 3 Jahre

MATERIAL

- 1 Kopie eines Handumrisses für jedes Kind
- 1 Stempelkissen
- Große Schüssel mit Wasser
- Handtücher

VORBEREITUNG

Kopieren Sie für jedes Kind den Handumriss. Legen Sie die Kopien, das Stempelkissen, eine große Schüssel mit Wasser und Handtücher auf dem Basteltisch bereit. Die Kinder können einen Handumriss auch selbst gestalten, indem sie die eigene Hand mit einem Stift auf einem Blatt Malpapier umfahren.

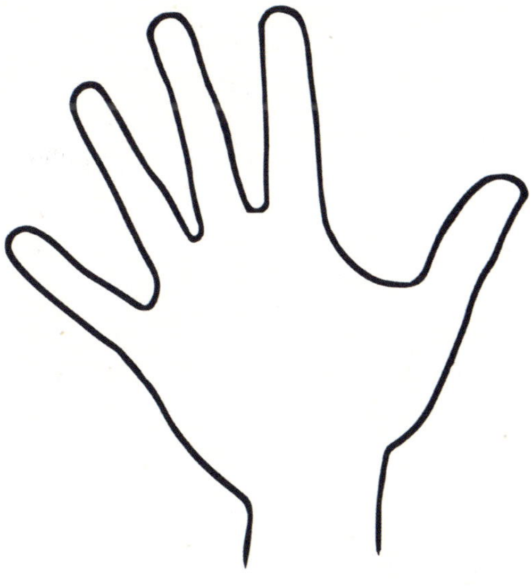

DURCHFÜHRUNG

Treffen Sie sich mit den Kindern im Kreis. Fragen Sie die Kinder nach ihrer Hand und was zu der Hand gehört. Die Finger sind bei jedem Kind anders und ganz besonders ist der Fingerabdruck. Jeder hat einen eigenen Fingerabdruck. Und auch die Fingerabdrücke bei den Fingern der gleichen Hand sind unterschiedlich.

→

Gehen Sie mit den Kindern zum vorbereiten Basteltisch. Legen Sie vor sich eine Kopie eines Handumrisses. Zeigen Sie den Kindern welcher Finger wo im Handabdruck zu finden ist. Machen Sie den Kindern einmal vor, wie man einen Fingerabdruck macht. Fordern Sie die Kinder auf, mit dem kleinsten Finger der linken Hand zu beginnen. Die Kinder drücken mit dem kleinsten Finger vorsichtig auf das Stempelkissen und dann mit dem Finger an die passende Stelle im Handumriss. Das wird mit allen Fingern der linken Hand wiederholt, bis alle Fingerabdrücke zu sehen sind. Alle Bilder gut trocknen lassen.

FINGERABDRÜCKE

Die Kinder können sich ihre Fingerspitzen einmal ganz genau ansehen: Fast alle Menschen haben auf der Haut ganz oben am Finger feine Rillen. Diese Rillen kann man wie in unserem Versuch auf Papier sichtbar machen. Die Polizei hat eine ganze Sammlung von Fingerabdrücken, beispielsweise von Menschen, die schon einmal ein Verbrechen begangen haben. Wenn ein neues Verbrechen passiert, gehen besonders ausgebildete Fachkräfte nach Fingerabdrücken: Dazu untersuchen sie glatte Oberflächen. Da unsere Fingerkuppen immer ein dünner, fast unsichtbarer Film aus Fett bedeckt, können Fingerabdrücke an allen glatten Oberflächen zurückbleiben. Die Polizei hat hierfür ein bestimmtes Pulver, das sie über in Frage kommende Gegenstände stäubt und die Fingerabdrücke so sichtbar macht. Dann können die so gewonnenen Fingerabdrücke mit denen in der Datenbank verglichen und mögliche Verbrecher so ausfindig gemacht werden.

Noch mehr Ideen

FINGERABDRÜCKE SICHTBAR MACHEN – SO ÄHNLICH WIE DIE POLIZEI – FUNKTIONIERT AUCH MIT FOLGENDEM KLEINEN TRICK.

Material:
1 weißes Blatt Papier
Klebestreifen (transparent)
Etwas Graphitpulver (etwa vom Bleistiftspitzer/der Bleistiftmiene)

Vom Klebestreifen längere Stücke abschneiden und mit der klebenden Seite nach oben auf den Tisch legen. Die Fingerspitzen in das Pulver tunken, sodass sie gut bestäubt sind. Immer eine Fingerspitze mehrmals auf ein langes Stück Klebestreifen tippen (die Abdrücke mit einer mittleren Menge Graphit sind meist die besten) und den Klebestreifen dann auf das weiße Papier kleben. Nun sind die Fingerabdrücke sichtbar. Noch besser können die Kinder die kleinen Rillen sehen, wenn das Papier auf einem Leuchttisch liegt. Erkennen die Kinder die Unterschiede? Könnten sie Fingerabdrücke wiedererkennen?

KÖRPERWAHRNEHMUNG IN RUHE UND IN AKTIVITÄT

Mein Herzschlag

Den eigenen Körper kennenlernen: Dazu gehört auch, sich ein bisschen mit ihm auszukennen. Hier geht es um den Herzschlag und damit auch um den Puls. Den eigenen Herzschlag können die Kinder in manchen Situationen, aber nicht immer hören und sogar spüren. Spannend, denn das, was da pumpt und schlägt, befindet sich verborgen unter unserer Haut ...

VON BRITTA BARTOLDUS

© Anna Dudek/Thinkstock

ALTER

Ab 4 Jahre

MATERIAL

- 1 DIN-A3-Blatt
- Filzstift
- Klebeband
- Uhr mit Sekundenzeiger

VORBEREITUNG

Malen Sie folgende Tabelle auf ein DIN-A3-Blatt. Die Kinder können hinter „Ruhe" ein schlafendes Kind malen oder eine Traumwolke. Hinter „Bewegung" können die Kinder ein Bewegungssymbol, etwa einen Fuß oder ein hüpfendes Kind zeichnen. Bei „Namen" notieren die Kinder in der Spalte jeweils untereinander und mit etwas Hilfe ihren Namen. Hängen Sie dieses Blatt in den Turnraum an die Wand.

→

Name	Pulsschlag Ruhe	Pulsschlag Bewegung

DURCHFÜHRUNG

Treffen Sie sich mit den Kindern im Turnraum. Sagen Sie den Kindern, Sie machen heute ein Experiment mit ihnen. Sie wollen herausbekommen, ob das Herz in Ruhe oder in Bewegung schneller schlägt. Was meinen die Kinder, wann das Herz am schnellsten schlägt?

Fragen Sie die Kinder ob sie ihren Herzschlag fühlen können. Wo befindet sich das Herz im Körper? Die Kinder können gegenseitig den Kopf auf die Herzgegend eines Partners legen und lauschen, ob sie sein Herz schlagen hören können.

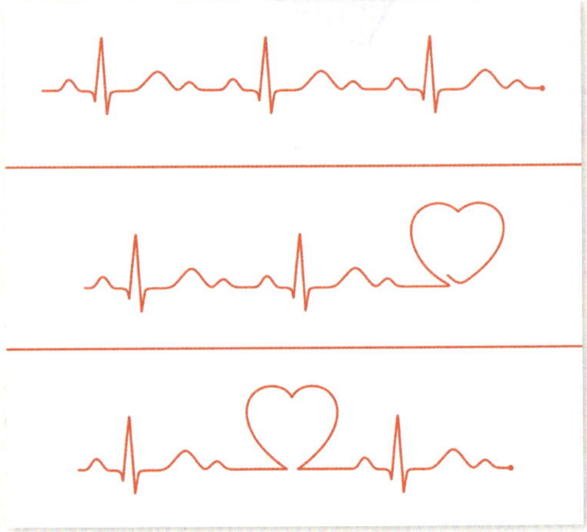

© Cat Chat/Thinkstock

DAS HERZ UND DER HERZSCHLAG

Das Herz pumpt das Blut durch den Körper. Das Herz ist ein Muskel, es zieht sich zusammen und dehnt sich wieder aus, dabei saugt es das Blut an und pumpt es dann wieder weiter. Diese Arbeit verrichtet das Herz ohne jemals eine Pause einzulegen – unser gesamtes Leben lang. Das Pumpen des Herzen hören wir als den bekannten Doppelschlag „bummbumm“. In Bewegung und bei Anstrengung kommen die „Bummbumms“ schneller hintereinander in einer höheren Frequenz.

DER PULS

Der Puls meint fast das gleiche wie der Herzschlag. Es handelt sich um das „Echo“ oder die Auswirkung des Herzschlags in vom Herzen weiter entfernt liegenden Gegenden wie dem Hals oder dem Handgelenk. An diesen beiden Stellen an unserem Körper kann man den Puls fühlen, weil hier nah unter der Haut liegende Adern entlanglaufen. Legt man die Finger an diese Stelle, kann man unter den Fingerkuppen ein leises Klopfen, den Puls, fühlen – und mitzählen.

RUHEPULS

Den eigenen Puls ertasten: Das funktioniert am besten am Hals. Lassen Sie die Kinder selbst suchen, wo eine Ader entlangführen könnte. Seitlich unter den Kieferknochen können die Kinder ganz sicher ein Pulsieren spüren. Wie fühlt sich das an?

Die Kinder können am besten den Zeigefinger und den Mittelfinger auf die Halsschlagader legen. Der Daumen sollte dabei nicht verwendet werden, da dieser einen eigenen Puls hat. Jedes Kind darf nun einzeln mitzählen (sofern die Kinder das Zählen schon beherrschen), wenn es ein Pulsieren spürt. Sie schauen zeitgleich auf die Uhr und rufen nach 15 Sekunden Stopp. Die Zahl, bei der das Kind stehengeblieben ist, wird nun mit vier multipliziert. Das ist der Herzschlag pro Minute. Tragen Sie den Wert in die Tabelle ein. Der sogenannte Ruhepuls kann von Kind zu Kind sehr unterschiedlich sein und sich auch vom Ruhepuls eines Erwachsenen deutlich unterscheiden. Bei Kindern sind Werte von 130 bis 100 Schlägen pro Minute normal, bei Jugendlichen etwa 85, bei Erwachsenen etwa 70. Dieser Wert bezieht sich aber auf eine sehr ruhige Situation, beispielsweise morgens nach dem Aufwachen. Während der Arbeit ist Ihr eigener Puls sicherlich und normalerweise viel höher.

PULS BEI BEWEGUNG

Anschließend fordern Sie das erste Kind auf ganz schnell drei Runden im Turnraum zu laufen. Nach dem Laufen wird der Pulsschlag wie oben beschrieben noch einmal neu gemessen und aufgeschrieben. Auch dies wird anschließend mit jedem Kind der Reihe nach durchgeführt. Können die Kinder auch ihren Herzschlag fühlen? Wer schnell gelaufen ist, kann den Herzschlag nun unter den Fingern sogar direkt auf der Brust tasten. Nachdem alle Kinder den Ruhe- und den Bewegungspuls gemessen und aufgeschrieben haben, vergleichen Sie mit den Kindern die Werte. Wobei schlägt das Herz nun schneller? Warum ist das wohl so?

KINDER FORSCHEN MIT DEM STETHOSKOP

Meine Atmung hören

Unser Körper macht Geräusche. Dazu zählen natürlich nicht nur die Geräusche, die man direkt hören kann (Niesen, Husten, Rülpsen, Pupsen), sondern auch die Geräusche im Inneren des Körpers. Seit vielen Jahrhunderten bauen Menschen Geräte, um diese Geräusche lauter zu machen. Eines davon, das seit dem 19. Jahrhundert verwendet wird, ist das Stethoskop. Mit einigen Regeln lässt es sich damit herrlich spielen und experimentieren.

VON BRITTA BARTOLDUS

© gpointstudio/Thinkstock

ALTER

Ab 4 Jahre

VORBEREITUNG

Stellen Sie die benötigten Materialien in einer Ecke des Raums bereit. Zeigen Sie den Kindern ein Stethoskop. Wissen die Kinder, was das ist? Wo haben Sie dieses Gerät schon einmal gesehen? Was macht man damit? Eine Unterweisung in den Umgang mit einem solchen Gerät könnte folgen. Lesen Sie dazu weiter im Kasten.

MATERIAL

- 1 Stethoskop pro Kind (im Internet bestellbar für etwa 1,79 Euro pro Stück)
- 1 Becher pro Kind
- Wasser

→

DAS STETHOSKOP

Der Name Stethoskop kommt aus dem Griechischen und bedeutet soviel wie Brustüberwacher (von stethos - die Brust). In der Medizin dienen Stethoskope zum Abhören des Brustraums. Sie bestehen aus einem sogenannten Kopf, dem kleinen runden Plättchen ganz vorne, der auf die Brust aufgelegt wird. Im Kopf befindet sich eine Membran, die in Schwingungen versetzt wird und über den Schlauch Schall in die Ohrbügel weitergeleitet. So können Körpergeräusche lauter gehört werden. Früher (und auch heute noch) benutzen Mediziner dafür auch ein Hörrohr, eine Art Trichter, dessen breites Ende auf den Körper gestülpt wird. Achtung: Weil der Kopf des Stethoskops Geräusche lauter macht, dürfen die Kinder nie hineinschreien oder in der direkten Umgebung laute Geräusche machen, während ein Kind die Ohrbügel im Ohr hat!

Die Kinder können sich auch in einer Partnerübung abhören. Ein Kind bekommt ein Stethoskop. Jetzt versucht das Kind mit dem Stethoskop beim Partner den Herzschlag zu hören. Dann den Luftstrom beim Atmen. Geben Sie dem Kind ohne Stethoskop einen Becher mit Wasser. Das Kind soll langsam trinken. Der Partner versucht mit dem Stethoskop das Schlucken beim Partner zu hören. Anschließend werden die Rollen getauscht. Auch interessant: Wie hört sich Husten mit dem Stethoskop an?

Hinweis: Hören Sie selbst bei einem Kind Atemgeräusche wie Giemen, Rasseln oder helle Geräusche, sollten Sie möglicherweise mit den Eltern Rücksprache halten, da es sich hier um eine asthmatische Erkrankung oder Bronchitis handeln könnte.

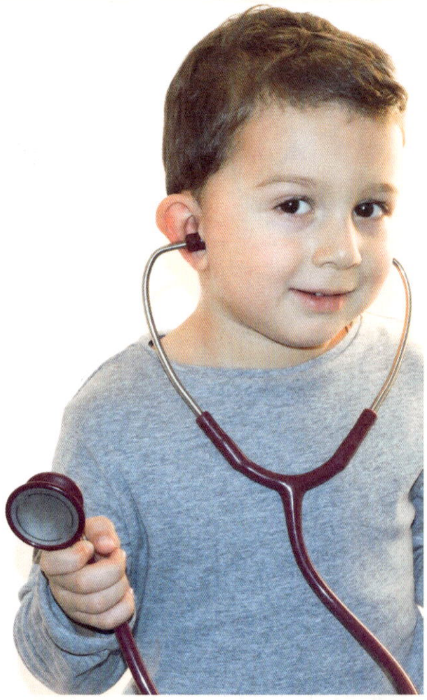

Noch mehr Ideen

EXPERIMENTE MIT DEM EIGENEN KÖRPER

Reflexe kennenlernen:
Reflexe sind unwillkürliche Reaktionen unseres Körpers. Meist dienen sie zum Schutz vor Schaden. Nähert sich beispielsweise etwas unseren Augen, beginnen wir zu blinzeln. Wenn Sie die Hand nah an das Auge eines Kindes heranführen, wird es blinzeln. Das ist ein angeborener Reflex: Im Notfall würde sich das Augenlid über das empfindliche Augeninnere schieben, um es zu schützen.

Gleichgewichtsspiel:
Malen Sie einen Kreis auf einen Boden (oder legen Sie einen Kreis mit einem Seil). Ein Kind stellt sich in diesen Kreis. Es darf die Grenze nicht durchbrechen, darum heißt es: Balance halten! Ganz leicht? Dann wiederholen Sie die Übung auf einem Bein. Immer noch zu leicht? Auf einem Bein mit geschlossenen Augen? Auf einem Bein mit geschlossenen Augen und die Arme ganz nah am Körper haltend? Das Ganze nachdem das Kind einmal im Kreis gedreht wurde? Machen Sie auch selbst mit!

SCHÄTZEN, RECHNEN UND VERGLEICHEN MIT DEM EIGENEN KÖRPER

Soooooo groß bin ich!

Die eigene Körperlänge ist für die Kinder oft noch eine unbekannte und vage Größe. Da bietet es sich an, sie für die Kinder mit einigen kleinen Tricks sichtbar zu machen. Ganz nebenbei begeben sich die Kinder mit dem Messen und Schätzen in die Welt der mathematischen Grunderfahrungen.

VON MICHAELA LAMBRECHT

© BrianAJackson/Thinkstock

Alle Kinder dürfen sich zuerst nebeneinander stellen und versuchen sich der Größe nach aufzustellen. Wer ist am größten, wer am kleinsten? Diese Aufgabe kann schon zu viel Gelächter und Durcheinander führen. Helfen Sie nur dann, wenn die Kinder allein nicht weiterkommen.

Es gibt Streit? Die Kinder sind sich unsicher? Schätzen ist nicht immer einfach. Fragen Sie, wie man genau überprüfen könnte, wer wie groß ist: richtig, mit einem Metermaß!

→

ALTER

Ab 4 Jahre

MATERIAL

- Messlatte/Metermaß (auch ein Papiermaßband aus dem Bau- oder Möbelmaß ist geeignet)
- Klebestreifen
- Buntstifte oder flüssige Farben und Pinsel oder Schwämmchen
- Tapetenbahn oder sehr langes Malpapier
- Reißzwecken
- 1 Foto von jedem Kind

Kleben oder heften Sie eine Lage Tapetenbahn (etwa 2 m lang) an einer freien Wand an. Mit einem Lineal oder mit Hilfe des Metermaßes teilen Sie die Bahn der Länge nach in fünf Abschnitte von je 40 cm, also null bis 40 cm, 40 bis 80 cm, 80 bis 120 cm, 120 bis 160 cm und schließlich 160 bis 200 cm. Den unteren Abschnitt bemalen die Kinder beispielsweise grün, den nächsten rot, den darauf folgenden blau, dann orange und den letzten gelb. Kleben Sie das Metermaß mit dem Klebestreifen rutschsicher mittig auf der Tapetenbahn fest. Nun können sich die Kinder gegenseitig messen. Ein Kind auf einem Stuhl kann die Ergebnisse mit ablesen.

Tragen Sie die Ergebnisse mit Namen neben dem Metermaß auf die Tapete auf und hängen Sie ein kleines Foto des Kindes dazu. Auch eine Alters- oder Geburtstagsangabe kann ergänzt werden. Die Kinder erkennen nun genau, in welchem Bereich sie sich befinden, beispielsweise: „Ich bin rot, aber Luka ist schon blau“.

Wichtig:
Sprechen Sie mit den Kindern darüber, dass die Größe ein Körpermerkmal ist, aber nicht immer etwas über das Alter aussagt. Auch kleinere Kinder können älter sein als andere Kinder, die größer sind als sie. Und manchmal wächst man unterschiedlich: Ein Kind, das jetzt noch sehr klein ist, kann als Erwachsener größer sein als alle anderen – und umgekehrt.

Noch mehr Ideen

Wachsen ist toll:
Die Messaktion können Sie nach einigen Monaten wiederholen. Hier sehen die Kinder, wie viel sie gewachsen sind: ein weiterer Grund, um sich stark und groß zu fühlen. Auch hier wird sicher deutlich, dass alle Kinder unterschiedlich schnell wachsen.

Mein Körper als Raummaß:
Den eigenen Körper können die Kinder auch als Maßeinheit verwenden. Ein Kind ist beispielsweise genau 80 cm groß? Wie oft passt dieses Kind in die Länge des Gruppenraums? Der Gruppenraum ist genau sechsmal so lang wie Luka – und schon sind Sie mitten in der Mathematik. Wer ist wohl so lang wie das Kuschelsofa oder der Tisch im Gruppenraum? Lassen Sie die Kinder selbst experimentieren!

So groß sind andere:
Stellen Sie sich selbst mit an die Messlatte und notieren Sie Ihre Größe. Außerdem können unterschiedlich große Personen dazukommen, um zu sehen, wie unterschiedlich Menschen sind: ein Praktikant, die Köchin, der Hausmeister, ein Kind aus der Krabbelgruppe. Da haben die Kinder sicher noch mehr Ideen.

Orden für wahre Größe:
Kopiervorlagen für Orden und Abzeichen finden Sie bei den Kopiervorlagen ganz hinten im Ordner auf der letzten Seite.

EXPERIMENTE MIT EINER WAAGE

So schwer bin ich!

Im Gegensatz zu Erwachsenen sind Kinder auf ihr Gewicht meist richtig stolz. Gewicht zu haben: Das ist nicht so negativ, wie uns die Werbung und Medien glauben machen wollen. Etwas, das „Gewicht" hat, ist (ge-)wichtig. Und das Wort „wiegen" hat ja auch noch eine zweite, tröstende Bedeutung von „sich hin und her wiegen". Trotzdem sollten Sie bei diesem Experiment mit dem eigenen Körper darauf achten, dass kein Kind wegen seines zu geringen oder zu hohen Gewichtes beurteilt wird. Erste Erfahrungen mit Mengenangaben, Maßeinheiten und Gewicht-Verhältnissen machen die Kinder hier ganz nebenbei auch.

VON BRITTA BARTOLDUS

ALTER

Ab 3 Jahre

MATERIAL

- 1 Waage
- 1 Blatt (DIN A3)
- 1 Bleistift
- 1 Buntstift für jedes Kind

Abstrakte Kilozahlen sind für Kinder schwer zu erfassen. Mit diesem Experiment können Sie den Kindern ihr Körpergewicht trotzdem anschaulich machen: Zeichnen Sie auf ein DIN-A3-Blatt mit dem Lineal Linien im Abstand von 2 cm. Die Linien beschriften Sie mit den Ziffern 2, 4, 6, 8 … bis 24 kg.

→

Nun darf sich jedes Kind wiegen: Falls Max beispielsweise 15 kg wiegt, darf er ein Kreuzchen bei der 15 machen. Sie malen gemeinsam eine „Säule“ wie in einem echten Säulendiagramm. Max darf seine Säule in seiner Lieblingsfarbe anmalen. Jedes Kind, das sich für sein Gewicht interessiert, darf eine Säule zum Diagramm dazumalen.

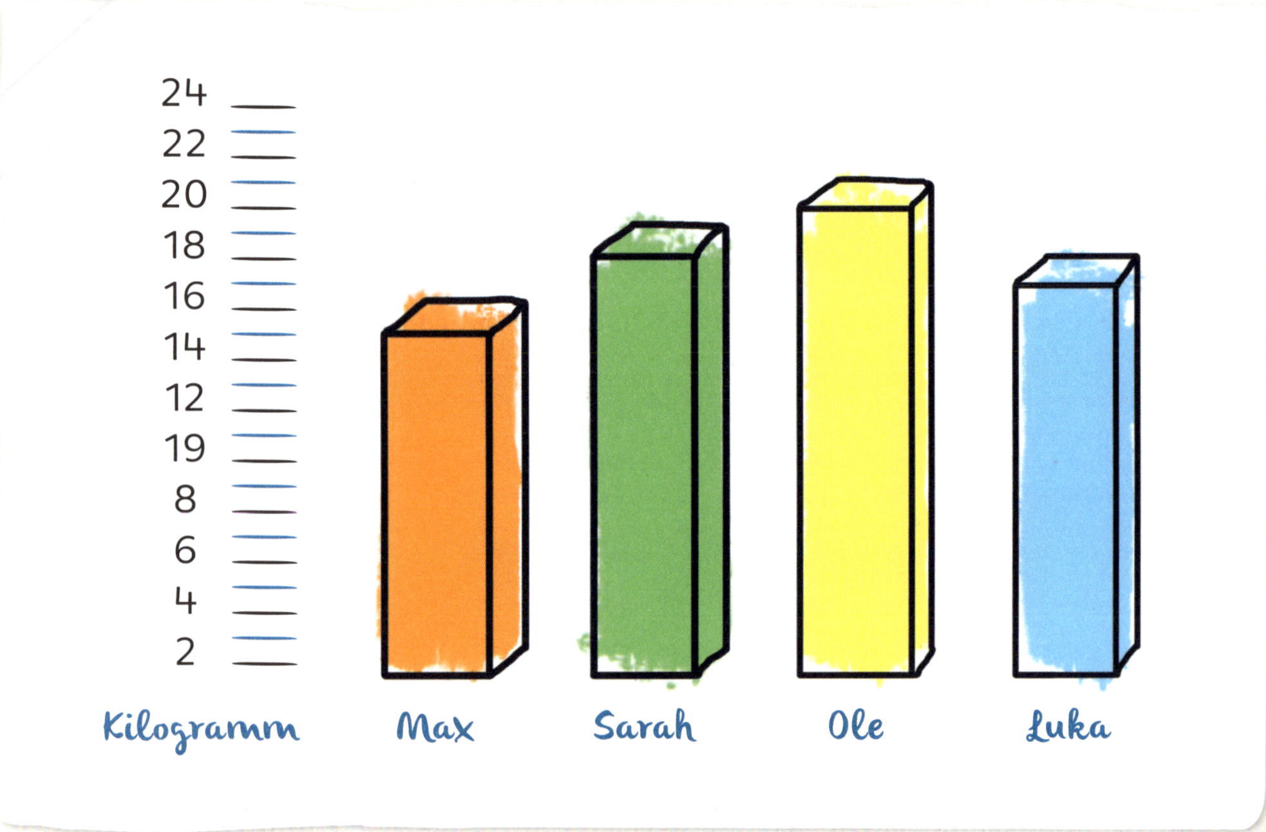

Noch mehr Ideen

Fragen Sie die Kinder, was wohl ein Päckchen Mehl wiegt? Zeigen Sie dazu den Kindern das Päckchen (beispielsweise ein 1-kg-Päckchen). Und die große Tüte Mehl (eine 5-kg-Tüte)? Wie viele Tüten ist Max schwer? Wie könnte man das nachmessen? (Indem man 3 der 5-kg-Tüten auf die Waage stellt und anschließend Max.) Was könnten die Kinder noch wiegen?

ERZÄHL- & SPIELBEREICH

EINE VORLESEGESCHICHTE ÜBER DAS GROSS- UND KLEINSEIN

Der kleine Große

In dieser Geschichte geht es um Selbstbewusstsein, um das Großsein und darum, dass jeder etwas besonders gut kann – und dazugehört. Eine Geschichte, die die Kinder nachdenklich machen könnte. Darum sollten Sie nach dem Vorlesen etwas Zeit übrig haben, um die Geschichte mit den Kindern in Ruhe zu besprechen. Impulse dazu finden Sie am Ende der nächsten Seite.

VON MARION BISCHOFF

DER KLEINE GROSSE

Jens ist ein hübscher Junge. Er hat ein besonders süßes Lächeln. Aber Jens ist unglücklich. Er ist sogar so unglücklich, dass er im Kindergarten immer wieder weint. An einem Tag im Sommer sitzt er wieder traurig in der Ecke des Spielplatzes und beobachtet die anderen Jungs, die mit den Fahrzeugen über den Hof sausen. Die Reifen rattern über den Boden und die Jungs sind so schnell, dass Jens kaum erkennen kann, wer gerade an ihm vorbeirennt.

Jens stützt die Ellbogen auf die Beine und legt den Kopf in die Hände. Da setzt sich Lina neben ihn und fragt: „Was ist denn los mit dir? Du schaust so traurig."

„Ach, ich bin so klein. Meine Beine sind so kurz, dass ich gar nicht richtig mit meinen Füßen den Boden berühre, wenn ich mit dem großen LKW fahren will."

„Und deswegen bist du traurig?"

Jens nickt und schluckt den Kloß in seinem Hals hinunter.

„Aber dafür kannst du doch so toll malen!"

→

ALTER

Ab 3 Jahre

„Findest du?“ Jens dreht sich zu Lina um und sieht sie lange an.

„Ja, du malst am allerschönsten von allen Kindern.“

Jens spürt, wie es in seinem Bauch kribbelt. Noch nie hat jemand so etwas Tolles zu ihm gesagt. Da hört er, wie einer der Jungs sagt: „Oh Menno! Wir krachen hier an der Ecke immer wieder zusammen. Wir bräuchten ein Verkehrsschild. Ein Stopp-Schild!“

Lina schubst Jens an. „Hörst du? Die brauchen ein Schild. Das kannst du doch machen.“

„Ich weiß nicht.“ Jens schaut unsicher von Lina zu den Jungs.

Doch ehe er sich versieht, steht Lina neben ihm auf, nimmt ihn an der Hand und zerrt ihn zu den Jungs hin. „Hey, wie wäre es, wenn Jens euch euer Schild malt?“ Die anderen Jungs schweigen. Dann tritt Marc hinter seinem LKW heraus und klopft Jens auf die Schulter. „Das wäre eine super Idee!“

Jens freut sich und macht sich gleich an die Arbeit. Er malt das schönste Stopp-Schild aller Zeiten und die Erzieherin hilft ihm, es an der Ecke zu befestigen. Als die anderen Jungs wieder mit ihren Fahrzeugen losfahren, bleiben sie am Stopp-Schild stehen. So können die entgegenkommenden Fahrzeuge vorbeifahren. Die Jungs haben einen Riesenspaß mit ihrem Schild.

Nachdem sie eine Weile gefahren sind, kommt Marc zu Jens und fragt: „Möchtest du auch einmal mit meinem LKW fahren?“

„Nein. Das geht nicht.“

„Wieso denn nicht?“ Marc schüttelt verdutzt den Kopf.

„Ich bin zu klein. Meine Beine sind zu kurz.“
„Ach, deshalb willst du nie mit uns mitspielen? Aber ich habe eine Idee. Komm mal mit.“ Marc schiebt den LKW vor Jens. „Setz dich mal auf die Ladefläche.“

Jens setzt sich auf die Ladefläche. Marc stellt sich hinter ihn und schiebt den LKW an und los geht die Fahrt. Jens‘ Haare wehen im Wind. Er lacht und jubelt und ist endlich einmal mittendrin bei den Fahrzeugjungs.
Nach einer Weile bleibt Marc stehen. Er japst nach Luft und strahlt Jens an. „Können wir was ausmachen?“

„Was denn?“, fragt Jens.

„Immer, wenn wir Verkehrsschilder brauchen, malst du die für uns. Und ich schiebe dich jeden Tag in meinem LKW, bis deine Beine lang genug sind, dass du selbst schieben kannst.“

„Au ja!“ Jens freut sich riesig und sitzt wenig später schon wieder am Maltisch, um eine Ampel zu gestalten.

IMPULSFRAGEN ZUR BESPRECHUNG

Wie ist es, wenn man nicht mitspielen kann: Wie fühlt man sich dann?

Jens kann toll malen – und Marc? Was kann Marc besonders gut?

Was ist Linas besondere Leistung in der Geschichte?

Gibt es Kinder in der eigenen Gruppe, die so sind wie Marc und Lina?

Warum heißt die Geschichte „Der kleine Große“?

EIN RATESPIEL MIT FLASCHENDREHEN

Das bin ja ich!

Aufgepasst, wer da gerade beschrieben wird: Vielleicht man selbst? Dieses Spiel bringt die Lachmuskeln ordentlich in Schwung – oder auch die Gehirnzellen. Dieses Spiel ist für Kinder und Erwachsene gleichermaßen geeignet.

VON KARIN SCHÄUFLER

© adekvat/Thinkstock

ALTER

Ab 4 Jahre

MATERIAL

- 1 leere, saubere Flasche

Die Kinder sitzen im Kreis und betrachten sich zunächst selbst ganz genau: „Was habe ich heute an?“, „Welche Farben haben meine Socken?“, „Welche Frisur trage ich?“, „Welche besonderen Kennzeichen gibt es an mir?“ ... Nun wird eine in der Mitte liegende Flasche gedreht, bis sie stoppt und auf ein bestimmtes Kind zeigt. Dieses Kind beschreibt nun ein anderes, von ihm heimlich ausgewähltes Kind im Kreis, ohne dessen Namen zu nennen (!), beispielsweise: „Das Kind, das ich meine, trägt eine Brille und hat rote Socken an!“ oder „Das Kind, das ich meine, hat viele Sommersprossen und eine Kette um den Hals!“ Dasjenige Kind, das sich in dieser Beschreibung wiederfindet, steht auf und ruft laut: „Das bin ja ich!“ Liegt es richtig, darf es die Flasche für die nächste Raterunde drehen. Auch Sie selbst können beim Spiel mitmachen – und aufpassen, ob Sie vielleicht gerade selbst beschrieben werden ...

EIN SPIEL, UM SICH „SCHRITTWEISE“ KENNENZULERNEN: DER DAS-BIN-ICH-KREIS

Dieses lustige Spiel, um sich selbst und andere besser kennenzulernen, macht sich gut als Morgenkreisspiel, aber auch bei Eltern-Kind-Nachmittagen kann es zum Einsatz kommen. Oder Sie probieren es einmal im Erzieherinnen-Team aus: Wie gut kennen Sie sich denn eigentlich?

Die Kinder stehen in einem großen Kreis. Die Erzieherin ruft nun jeweils eine Frage in den Raum, beispielsweise: **„Wer isst gerne Fisch?“** oder **„Wer ist nach dem Aufstehen meistens schlecht gelaunt?“** oder **„Wer putzt sich abends die Zähne?“**

Diejenigen Kinder, die sich angesprochen fühlen, rufen laut **„Das bin ich!“** und gehen einen Schritt nach vorn in Richtung Kreismitte. Die erste Spielrunde dauert so lange an, bis alle Kinder in der Kreismitte eng beieinanderstehen. Nun wird das Kreisspiel rückwärts fortgesetzt, die Kinder treten also jetzt einen Schritt zurück, wenn sie sich von der Fragestellung angesprochen fühlen. Stehen alle wieder nebeneinander in einem großen Kreis, so ist das Spiel beendet.

Noch mehr Ideen

SCHNELLE RATERUNDE FÜR ZWISCHENDURCH: „DAS BIN ICH IM ...!“

VON KARIN SCHÄUFLER

Mal schnell in die Rolle einer Blumenzwiebel schlüpfen? Sich vorstellen, wie ein Fisch im Meer so lebt? Bei dieser kleinen Raterunde geht es darum, sich spontan in etwas oder jemanden hinzuversetzen. Eine Übung, die Empathie und Vorstellungsvermögen fördert – und außerdem großen Ratespaß macht.

Lesen Sie die jeweiligen Kurzreime laut vor – und die Kinder lassen reihum ihren Vorstellungen und Antworten hierzu freien Lauf.

Beispielhafte Antworten zu Kurzreim 1: **„Ich bin ein Fisch!“** oder **„Ich bin eine Muschel!“**, zu Kurzreim 2: **„Ich bin ein Pinguin!“** oder **„Ich bin ein Eisbär!“**, zu 3: **„Ich bin ein Vogelküken!“** oder **„Ich bin eine Maus!“**, zu 4: **„Ich bin eine Tulpenzwiebel!“** oder **„Ich bin eine Knospe!“**.

1. „Das bin ich im Meer! Und hier gefällt's mir sehr!“
2. „Das bin ich im Eis! Und mir rennt nie der Schweiß!“
3. „Das bin ich im Nest! Und mich hält keiner fest!“
4. „Das bin ich im Garten! Und man muss auf mich warten!“

DREI FINGERSPIELE MIT DEM GANZEN KÖRPER

Meine Finger können zählen

Fingerspiele zur Selbstwahrnehmung und für die ganze Gruppe. Hier finden Sie drei neue Ideen für zappelige Finger und clevere Kinder.

VON MICHAELA LAMBRECHT UND KARIN SCHÄUFLER

ALTER

Ab 3 Jahre

Besprechen Sie mit den Kindern, welche Körperteile es bei uns Menschen gibt. Gemeinsam bewegen Sie kurz jedes genannte Körperteil, beispielsweise den Kopf schütteln. Machen Sie den Kindern das Fingerspiel einige Male vor und die Kinder werden bald von selbst mitmachen.

Noch mehr Ideen

Ergänzen Sie mit den Kindern das Fingerspiel um weitere Körperteile, etwa die Arme, den Bauch, die Nase, und erfinden Sie dazu passende Reime. Auf diese Weise erschaffen Sie ihr eigenes Reim-Körperteile-Fingerspiel.

Mein Kopf ist kugelrund
(Mit dem Zeigefinger auf den Kopf deuten) **mit einem wunderschönen Mund.**
(Mit dem Zeigerfinger auf den Mund deuten)

Die Finger zappeln hin und her, stillhalten, das fällt ihnen schwer.
(Die Finger hin- und herzappeln lassen)

Auch die Beine bleiben selten steh'n, sie wollen immer weitergeh'n.
(Mit dem Zeigefinger auf die Beine zeigen)

Meine Zunge streck ich raus, das Fingerspiel, das ist jetzt aus.
(Die Kinder dürfen ihre Zunge rausstrecken)

FINGERSPIELE ZUM KENNENLERNEN UND FREUNDESEIN

EIN KENNENLERN-FINGERSPIEL MIT FINGERHUT: SCHAUT MAL HIN!

Gerade in neuen oder sehr gemischten Gruppen ist das Kennenlernen mit Namen eine wichtige Sache. Da hilft ein kleines Fingerspiel, das sich die Teilnehmer gegenseitig vorführen. Als kleinen Gag binden Sie einen Fingerhut ein. Auch in einer gemischten Runde mit Erwachsenen/Eltern macht sich dieses kleine Reimspiel gut zum Aufwärmen und Kennenlernen.

Sie benötigen: Filzmaler und einen Fingerhut

Jedes Kind bemalt zunächst eine Fingerkuppe mit einem Gesicht (relativ weit unten, damit der Fingerhut das Gesicht nicht verdeckt). Ein Kind erhält den Fingerhut, setzt ihn auf den bemalten Finger, spricht - falls nötig auch mit Unterstützung der anderen - laut den gesamten Versreim „Schaut mal hin!“ und setzt dabei den Finger samt Hut in Szene. Danach nennt es laut und deutlich seinen Namen. Dann reicht es den Fingerhut an das nächste Kind weiter. Das Fingerspiel mit Fingerhut wiederholt sich so lange, bis alle Kinder an der Reihe gewesen sind.

Schaut mal hin,
wie schön ich bin!
Das bin ich! Schaut alle her!
Dass ich da bin, freut mich sehr!
Mein Name ist … *(Namen einfügen)*

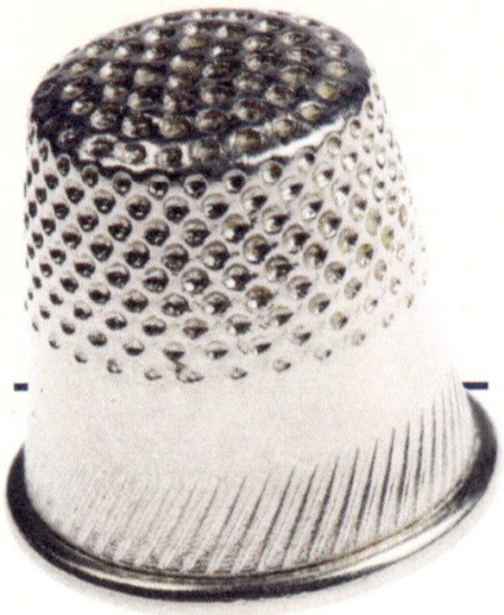

EIN FINGERSPIEL FÜR DEN GRUPPENZUSAMMENHALT: GEMEINSAM SIND WIR STARK!

Auch in Ihrer Gruppe gibt es hin und wieder Streit oder schlechte Stimmung? Dann hilft ein kleiner Reim, um sich auszusöhnen, gemeinsam zu lachen oder um schlechte Laune einfach wegzuklatschen.

Verschieden sind wir alle,
verschiedenen seh'n wir aus,
(Alle zehn Finger bewegen sich)

doch tun wir uns zusammen,
dann gibt es laut Applaus!
(In die Hände klatschen, laut applaudieren)

MORGENKREISIDEEN ZUR ICH-STÄRKUNG

Heute-bestimme-ich-Tage

Wie wäre es, wenn hin und wieder ein Kind aus der Gruppe oder aus der Kita einen Tag bestimmen darf? Unmöglich? Mit nur einigen Regeln und etwas Vorplanung ist das kein Problem. Die Kinder erkennen sich als selbstwirksame und geschätzte Mitglieder einer Gesellschaft, in der sie Mitspracherecht haben. Partizipation und demokratische Teilhabe üben Sie so gemeinsam und spielerisch für die Zukunft ein.

VON MICHAELA LAMBRECHT

© Halfpoint/Thinkstock

ALTER

Ab 3 Jahre

Stellen Sie den Kindern Ihre Idee vor. Legen Sie im Vorfeld fest, was die Kinder frei entscheiden dürfen, und wo es Grenzen gibt. Jedes Kind bekommt im Vorfeld einen Tag, an dem es bestimmen darf. So haben Sie ausreichend Zeit sich auf die Wünsche einzustellen und beispielsweise die Planung des Essens zu organisieren.

An „seinem" Tag darf jedes Kind sein Foto mit einem farbigen Zettel mit der Aufschrift „Heute bestimme ich" an der Pinnwand anbringen. So sind alle Kinder und Eltern informiert.

Jedes Kind darf seine Ideen, wenn es möchte, selbst ankündigen, beispielsweise: **„Jetzt wünsche ich mir, gemeinsam in den Garten zu gehen.", „Heute kochen wir zum Mittagessen Pfannkuchen."** Bei Bedarf unterstützen Sie die Kinder bei der Ankündigung. Es ist wichtig, dass alle Kinder einen eigenen Tag gestalten dürfen.

Wichtig:
Informieren Sie die Eltern durch einen Aushang, an welchem Tag ihr Kind an der Reihe ist. So wissen auch die Eltern Bescheid.

Noch mehr Ideen

Besonders bei jüngeren Kindern ist es meist ausreichend, wenn sie beispielsweise nur die Spiele im Kreis auswählen dürfen. Sie können die Entscheidungsgewalt nach dem Alter der Kinder staffeln:

3-Jährige: Spiele im Kreis

4- bis 5-Jährige: Spiele im Kreis, Gestaltung der Freispielzeit

6-Jährige: Spiele im Kreis, Gestaltung der Freispielzeit, Mittagessenauswahl

EINE NACHDENKLICHE AKTION ÜBER DEN ORT, AN DEM WIR ZUHAUSE SIND

Mein Zuhaus'!

Zuhause ist – genau wie Familie – ein dehnbarer und unterschiedlich bewertbarer Begriff. Manche Menschen fühlen sich ganz einfach auf der Welt zuhause, andere auf dem Lieblingssofa, im Garten, in der Badewanne ... Überlegen Sie mit den Kindern, wo sie sich jeweils zuhause fühlen. Vielleicht hilft das Gedicht zum Einstieg. Schnell wird hier deutlich: Ein Zuhause ist keine Frage des Landes, von Geld oder Besitz. Ein Zuhause bedeutet einfach nur, sich an einem Ort besonders heimisch und wohlzufühlen.

VON KARIN SCHÄUFLER

Wir sind Menschen – das ist klar!
Wir seh'n verschieden aus!
Doch alle brauchen einen Ort
und nennen ihn „Zuhaus'"!

Jeder braucht es auf der Welt!
Wir wollen ein Zuhaus'!
Ob hier, ob da – ist ganz egal,
ob Hütte, Iglu, Haus!

Das bin ich und ich leb' hier:
Ja, das ist mein Zuhaus'!
Daheim zu sein ist wunderbar
und so sieht's bei mir aus ...

Im Anschluss an die Verse berichtet jedes Kind von seinem momentanen Zuhause, wie es dort lebt und wo und wie es vielleicht früher in einem anderen Zuhause gewohnt und gelebt hat. Die Kinder ergänzen ihre Schilderungen malerisch und bringen ihr persönliches Zuhause – was oder welchen Ort auch immer sie mit diesem Begriff verbinden – zu Papier. Den Namen dazuschreiben. Die pädagogische Bezugsperson beschriftet am Ende jede Darstellung zusätzlich mit den Aussagen der Kinder: „Das bin ich in ..."

ALTER

Ab 4 Jahre

Noch mehr Ideen

„Das bin ich und mein Wunsch-Zuhause!": Die Kinder überlegen zunächst in einer Gesprächsrunde, wo und wie sie gerne leben würden und wie ihr Wunsch-Zuhause aussähe. Ein bewohnbarer Pilz in einem Feenwald? Eine Festung mit Zugbrücke? Eine Suite in einem Hotel? Ein anderer Planet? Ein Raumschiff? Ein Wohnwagen? Dann bringen sie sich selbst in ihrem **„Wunsch-Zuhause"** zu Papier.

EINE GESCHICHTE ÜBER WASSER, WUNDER UND SICH SELBST

Echt komisch!

Spiegel sind eine ganz seltsame Sache: Sie zeigen die Wirklichkeit, oder? In der Geschichte macht ein Entenküken eine ganz außergewöhnliche Entdeckung, aber wer denkt, das Entenküken wäre nicht sehr klug, der sollte mal die Experimente mit dem Spiegel durchführen, die sich an die Geschichte anschließen. Spätestens hier wird klar: Wirklichkeit ist nicht immer das, was man dafür hält.

VON KARIN SCHÄUFLER

ECHT KOMISCH!

Das Entenküken Emil watschelte das erste Mal in seinem Leben zum See hinunter. Emil kniff die Augen zusammen und wunderte sich: Hier draußen in der Welt war es ja viel heller und bunter als drinnen im Ei!

Vorsichtig näherte er sich dem Wasser. „Komisches Zeug!", murmelte das Entenküken. Es steckte behutsam eine Fußspitze ins glitzernde Nass und flüsterte wiederholt: „Echt komisch, dieses Zeug!"

Neugierig tapste Emil noch näher an den See heran und schaute ins Wasser hinein.

„Ach, du liebe Zeit! Was ist denn das?" Emil plumpste vor Schreck auf sein flauschiges Hinterteil. Er hatte was ganz Komisches im komischen Zeug gesehen! Und nun schlug sein kleines Entenherz ganz laut und schnell: Bubumm-Bubumm-Bubumm!

→

ALTER
Ab 3 Jahre

Ein Fischreiher hatte alles von der anderen Seeseite aus beobachtet. Besorgt flog er hinüber zu dem aufgeregten Entenküken und fragte:„Was ist denn los mit dir?“

Emil klapperte vor Aufregung mit dem Schnabel: „D-d-d-da! In d-d-dem k-k-k-komischen Zeug! Da ist was Komisches drin!“

Der Fischreiher schritt zum See, schaute hinein und meinte: „Also ich sehe hier nur Wasser.“

„Ach, das ist Wasser!“, sagte Emil etwas beruhigter, denn dieses Wort hatte er von seiner Entenmutter gleich nach dem Schlüpfen gehört. Trotzdem erklärte er dem Fischreiher ängstlich: „Da in dem Wasser – da ist was echt Komisches!“

„Ich kann wirklich nichts Komisches entdecken!“, wiederholte der Fischreiher kopfschüttelnd.

Da nahm Emil all seinen Mut zusammen und schaute erneut in den See. Doch das Entenküken wäre vor Schreck fast wieder auf sein Hinterteil geplumpst! Dieses Mal hatte es sogar zwei Dinge gesehen: einmal das komische Wesen von vorhin und außerdem einen Vogel, der genauso aussah, wie der große Vogel neben ihm!

„Da ist einer drin: Der sieht aus wie du! Und daneben ist noch was anderes“, schnatterte Emil und sein Herz schlug wieder laut und schnell: Bubumm-Bubumm-Bubumm.

Der Fischreiher dachte nach und langsam dämmerte es ihm, wovor sich das Entenküken so fürchtete.

„Das ist kein Vogel, der nur so aussieht wie ich: Das bin ich!“, rief der Fischreiher lachend. Dann erklärte er weiter: „Was du da siehst, das ist mein Spiegelbild! Und das andere Wesen – das bist du selbst, denn so siehst du aus!“

„Das bin ich?“, wunderte sich Emil. Er drehte sich in alle Richtungen und betrachtete sein Spiegelbild im Wasser nun ganz genau. „Ich sehe ja richtig toll aus! Und eigentlich überhaupt nicht zum Fürchten!“

„Genau!“, stimmte ihm der Fischreiher schmunzelnd zu. „Das bist du: ein hübsches, flauschiges und kluges Entenküken, das noch viel lernen und erleben wird!“

„Du sieht aber auch klasse aus!“, sagte Emil schnell. „Und sehr nett bist du außerdem.“

Und so kam es, dass Emil und der Fischreiher dicke Freunde wurden und noch oft gemeinsam über ihre „echt komische“ Begegnung am See gelacht haben.

© thierry vialard/Thinkstock

Noch mehr Ideen

Wunder im Spiegel:
Verschiedene Spiegelexperimente durchführen, beispielsweise in die hohle Fläche eines Esslöffels schauen (man sieht sich verkehrt herum), sich im Lack einer Autoseite spiegeln (Gliedmaßen und Körperteile wirken seltsam verzogen und verzerrt) oder in einem normalen Wandspiegel das verwirrende Prinzip der Seitenverkehrung entdecken, indem man versucht, mit festem Blick auf den Spiegel ein Bild auf ein vor sich liegendes Blatt Papier zu malen.

© Melpomenem/Thinkstock

DAS VERRÜCKTE FOTO-PUZZLE-SPIEL

Gesichter-Wirrwarr

Das Foto-Puzzle-Spiel erfordert eine gute Beobachtungsgabe und Geschicklichkeit und unterstützt das Ich- und Wir-Gefühl, bringt aber auch turbulente Aufregung und eine Menge Spaß in die Kindergruppe.

VON KARIN SCHÄUFLER

© shironosov/Thinkstock

ALTER

Ab 3 Jahre

MATERIAL

- Digitalkamera
- Drucker- oder Fotopapier
- Drucker (bunt)
- Laminiergerät oder durchsichtige, selbstklebende Folie
- Scheren
- 1 große Schachtel

Von jedem Kind wird eine Gesichtsaufnahme gemacht. Zur Stabilisierung der Fotos – am besten in Postkartengröße (etwa DIN-A5) – können die Bilder zusätzlich auf Kartonpapier geklebt und laminiert oder mit selbstklebender Klarsichtfolie überzogen werden. Jedes Foto wird nun senkrecht und mittig in zwei Teile geschnitten (also insgesamt 4 Teile), die durcheinandergemischt in einer großen Schachtel in der Tischmitte landen. Die pädagogische Bezugsperson startet das Spiel. Die Kinder versuchen nun schnellstmöglich, die zerteilten Gesichtsfotos, also ihr persönliches Porträt richtig zusammenzufügen, um am Ende das eigene Gesicht korrekt vor sich liegen zu haben! Während des Puzzles dürfen sich die Kinder gegenseitig helfen sowie sich auch Fotohälften unterstützend zureichen.

Noch mehr Ideen

Die Fotohälften werden in zwei Schachteln in **„linke Gesichtshälften"** sowie **„rechte Gesichtshälften"** einsortiert. Die Kinder ziehen jeweils irgendeine Fotohälfte aus jeder Schachtel, sodass jeder Spielteilnehmer eine rechte und eine linke Gesichtshälfte besitzt und zusammenfügen kann. Jetzt wird reihum geraten und überlegt, welche beiden Gesichtshälften das jeweilige Kind vor sich liegen hat, etwa: **„Die eine Hälfte ist von Jan! Die andere Hälfte stammt von Lenas Gesicht! Das hier ist also Jalena."** Ziel ist es, durch gegenseitige Unterstützung und das Tauschen von Fotohälften am Ende wieder korrekte Porträts von jedem Kind zu erhalten.

SICH IMMER WIEDER KENNENLERNEN

Ich hab braune Augen wie ...

Wann nehmen sich die Kinder einmal genau wahr? Und wann die anderen Kinder in der Gruppe? Ist ihnen schon einmal aufgefallen, wie viele Kinder die gleiche Augenfarbe haben? Oder etwa alle? Bei dieser Foto-Aktion öffnen Kinder und Erwachsene ihren Blick – für die anderen und für sich selbst. Und sie lernen gemeinsam, dass es sich lohnt, aufmerksam für andere und sich selbst zu sein.

VON MARION BISCHOFF

ALTER

Ab 5 Jahre

ZUTATEN

- Digitalkamera
- Drucker (bunt)

Machen Sie Fotos von allen Kindern und drucken Sie jedem Kind sein Portrait aus. Bitten Sie die Kinder sich gegenseitig genau zu betrachten und sich die Augenfarben, die Haarfarben und weitere Besonderheiten einzuprägen. Nun stellen Sie sich in einem Kreis auf, sodass sich alle gegenseitig sehen.

Ein Kind beginnt. „Ich habe blaue Augen wie ...“ und nennt den Namen eines anderen Kindes, das die gleiche Augenfarbe hat. Reihum sollte jedes Kind ein Merkmal benennen, das es mit einem anderen gleich hat. Dabei ist es auch nicht schlimm, wenn ein Kind die Aussage eines anderen wiederholt. Danach bilden Sie Gruppen. Alle Kinder mit der gleichen Augenfarbe bilden eine Gruppe, alle Kinder mit der gleichen Haarfarbe finden sich zusammen. Alle Mädchen, alle Jungs, und so weiter.

Sehr bald werden die Kinder merken, dass sie in manchen Merkmalen Gemeinsamkeiten mit vielen anderen haben und sie sich in anderen Punkten von den anderen unterscheiden. So erkennen sie nach und nach ihre Individualität und finden heraus, was sie zu einem einmaligen Menschen macht.

Noch mehr Ideen

Besonders schön ist es, wenn Sie die einzelnen Vergleichsschritte mit der Digitalkamera festhalten, für die Kinder ausdrucken und später in Einzelgesprächen mit den Kindern noch einmal wiederholen. Notieren Sie dabei die Aussagen der Kinder und heften Sie alles im Portfolio ab. Auch möglich: Machen Sie eine Ausstellung der Kinderfotos an Stellwänden. Ergänzen Sie Zitate und witzige Aussprüche der Kinder unter den Fotos. Eine Immer-wieder-Kennenlern-Wand für alle.

KINDERKÜCHE

BURGERTÜRME ERFINDEN

Mein Genussburger-Turm

Einen eigenen Burger kreieren: Das machen Star-Köche und Prominente öfter. Statt pappiger Brötchen und Fleisch gibt es bei Ihnen Cracker, Pumpernickel und ein paar Scheiben Gemüse – und schon kann's losgehen.

VON TINA SCHERER

© goce/Thinkstock

Die Salatgurke, die Tomaten und die Radieschen waschen und in runde Scheiben schneiden. Die Eier pellen und in Scheiben schneiden. Aus den Käsescheiben mit einem runden Glas oder Becher oder einem Ausstecher ebenfalls runde Scheiben ausstechen.

Breiten Sie alle Zutaten vor den Kindern aus und präsentieren Sie Ihnen Ihren vorab zusammengebauten Genussburger-Turm. Falls Sie beispielsweise Ilona heißen, würden Sie also Ihren „Ilona-Burgerturm" vorstellen.

Möchten die Kinder einen eigenen Burgerturm bauen und anschließend aufessen? Dann starten die Kinder am besten mit Brot oder Cracker, bestreichen diese Unterlage mit etwas Frischkäse und setzen dann nach und nach die runden weiteren Zutaten ihrer Wahl auf, bis ein etwa 8 cm hoher Turm entstanden ist. Machen Sie die Kinder dabei drauf aufmerksam, dass die Burgertürme nur so hoch werden sollten, dass die Kinder sie später auch noch aufessen möchten.

ALTER

Ab 3 Jahre

ZUTATEN

- Runde Cracker
- Rundes Schwarzbrot/ Pumpernickel
- 1 Salatgurke
- Käsescheiben (etwa Gouda oder Tilsiter)
- 1 rote und 1 gelbe Paprika
- 6 Radieschen
- Mittelgroße Tomaten
- 4 gekochte Eier
- Frischkäse

Noch mehr Ideen

Genussburger gibt es auch in einer süßen Variante mit runden Plätzchen, runden Apfelscheiben, Pudding zum Bestreichen und weiteren in Scheiben geschnittenen Obstsorten wie Kiwi oder Banane.

KLEINER SNACK FÜR HUNGRIGE ICH-FORSCHER

Mein Fußabdruck zum Aufessen

VON TINA SCHERER

Mit Essen spielen? Manchmal darf man das, beispielsweise wenn – wie hier – essbare Füße entstehen. Eine lustige und leckere Snack-Idee!

© Eva Reimer/Thinkstock

ALTER

Ab 3 Jahre

MATERIAL

- Papp- oder Kartonreste
- Filzstift
- Längliche Brotscheiben
- Küchenmesser
- Rote und/oder gelbe Paprikaschoten
- Frischkäse
- Kräuter nach Wunsch der Kinder: Kresse, Basilikum, Schnittlauch, Petersilie

Auf ein Stück Pappe oder Karton malt jedes Kind seinen nackten Fuß, indem es ihn aufdrückt und mit einem Stift ummalt. Ausschneiden und fertig ist ein persönlicher Fußabdruck. Damit nichts verwechselt wird, notieren die Kinder – falls nötig mit Ihrer Hilfe – ihren Namen auf einer Seite der Schablone.

Hände waschen! Die Paprikaschoten waschen, abtrocknen, von den Kernwänden und dem Strunk befreien und in zehennagelgroße Stückchen schneiden. Die Kräuter mit Scheren ganz fein schneiden. Die Schablone auf eine Brotscheibe legen und mit einem Messer – wegen der Verletzungsgefahr unter genauer Aufsicht – den eigenen Fuß ausschneiden.

Den Fuß vorsichtig mit Frischkäse bestreichen. Die Fußnägel entstehen aus kleinen Paprikastückchen, die auf die Zehen oben aufgedrückt werden. Das Innere des Fußes können die Kinder nach Wunsch mit gehackten Kräutern bestreuen.

SICH KULINARISCH AUSDRÜCKEN UND SCHLEMMEN

Kleine Bäcker und süße Früchtchen

Ein leckeres süßes Törtchen erfinden und aufessen: Toll, wenn Sie das Ihren Kindern ermöglichen. Machen Sie auch selbst mit und bereiten Sie vorsichtshalber ein oder zwei Schlemmerstückchen mehr zu – falls noch jemand Hunger hat oder vom Duft angelockt wird.

VON TINA SCHERER

ALTER

Ab 3 Jahre

ZUTATEN

für 6 Kinder und 1 Erzieherin

- 1 kg Blätterteig (Tiefkühlprodukt oder aus der Frischetheke)
- Etwas Mehl
- 2 Eier
- 500 g verschiedene vorbereitete Früchte in Stückchen oder Scheiben (Erdbeeren, Trauben, Melone, Kiwi)
- Nach Wunsch: 2 große Becher Vanillepudding (aus der Frischetheke)
- 8 Esslöffel Puderzucker
- 2 Esslöffel Zitronensaft

Die Früchte waschen, falls notwendig schälen und in kleine Stücke oder Scheiben schneiden. Eier in einer Schüssel oder Tasse mit einer Gabel verquirlen. Den Backofen auf 180 °C vorheizen und Bleche mit Backpapier auslegen.

Den Blätterteig falls nötig auftauen lassen. Auf einer leicht bemehlten Fläche auslegen und in Quadrate von etwa 15 cm Seitenlänge (etwas mehr Quadrate als Kinder) schneiden. Die Kinder drücken zwei gegenüberliegende Enden der Quadrate in die Mitte, legen die Stückchen auf die Bleche und geben nach Wunsch einen Löffel Pudding dazu.

→

Dann den Teig mit den verquirlten Eiern bestreichen. Im Ofen ca. 15 Minuten backen und auskühlen lassen.

Den Puderzucker mit dem Zitronensaft verrühren, sodass ein Guss entsteht. Jedes Kind bekommt ein Stückchen, belegt es mit den vorbereiteten Früchten und bestreicht es mit etwas Guss. Trocknen lassen – fertig zum Schlemmen.

Beim Essen können sich die Kinder gegenseitig beschreiben, wie sie ihr Stückchen zusammengestellt haben: mit oder ohne Pudding, Guss, mit welchen Früchten, wie viel davon ... Möchten die Kinder Namen für ihre Törtchen erfinden?

© Jurgute/Thinkstock

© rainbow33/Thinkstock

Noch mehr Ideen

LIEBLINGSBLÄTTERTEIGSTANGEN

Blätterteig lieber herzhaft? Wie wäre es, wenn sich die Kinder eigene Stangen drehen dürfen, die sie je nach Wunsch mit Streukäse, Sesam, Kümmel, Paprikagewürz oder Lieblingskräutern bestreuen dürfen? Dazu den Blätterteig wie oben beschrieben auftauen und ausrollen (falls notwendig) und in etwa 2 cm breite Streifen rädeln – eine Arbeit, die die Kinder mit einem Teigrädchen sicher gern übernehmen. Jeden Streifen ineinander drehen und auf ein Backblech legen. Alle Streifen mit Eiermilch bestreichen und dann nach Lust und Laune bestreuen.

WALD & WIESE

EIN WALDSPIEL FÜR TIERISCHE SPRINGER

Wie weit springe ich?

Wissen, staunen, erleben: Das eigene Sprungvermögen mit dem der Waldtiere vergleichen. Wie weit springt ein Fuchs, wie weit springe ich? Dieses Spiel trainiert die wesentlichen koordinativen Fähigkeiten wie Reaktion, Raumorientierung, Gleichgewicht und Differenzierung. Zwar springt jedes Kind für sich, aber alle Sprünge führen später zu einem positiven Teamergebnis. Deshalb geht es hier auch darum, die Stärken anderer anzuerkennen.

VON MICHAEL MÜLLER

Auf einer freien Fläche im Wald oder im Außengelände markieren die Kinder mit dem Seil eine Startlinie. Die Kinder sollen versuchen, von der Startlinie aus so weit wie die Tiere zu springen. Dazu befestigen die Kinder die Tierkärtchen an den Stöcken. Mit dem Metermaß messen Sie nun gemeinsam aus, wie weit die einzelnen Tiere springen (siehe Tabelle) und stecken die Stöcke passend dazu in den Boden.

→

ALTER

Ab 3 Jahre

MATERIALIEN

- Kärtchen von folgenden Waldtieren: Floh, Waldmaus, Eichhörnchen, Mauswiesel, Steinmarder, Hase, Fuchs, Baummarder, Wildschwein, Reh (selbst gemalt und laminiert oder ausgeschnitten oder aus einem Tier-Memory geliehen)
- Lange Stöcke
- Klebestreifen
- Metermaß
- Langes Seil

In einer Übungsrunde springen die Kinder nun von der Startlinie aus. Wer schafft das Eichhörnchen? Wer sogar das Mauswiesel?

Für ein Wettspiel bilden die Kinder zwei Teams. Jedes erreichte Feld wird mit einer Punktzahl bewertet. Die Punktzahl, die jeder Spieler des Teams erreicht hat, wird zum Schluss als Gruppenergebnis zusammen addiert. Sieger ist das Team mit den meisten Punkten. Tipp: Mit etwas Anlauf können die Kinder sicherlich weiter springen als aus dem Stand.

BEISPIELWEITEN VON TIEREN AUS DEM STAND:

Floh 0,6 m
Waldmaus 0,7 m
Eichhörnchen 0,9 m
Mauswiesel 1,2 m
Steinmarder 1,5m
Hase 2,0 m
Fuchs 2,8 m
Baummarder 3,0 m
Wildschwein 4,0 m
Reh 6,0 m

EXTRATIPP

Orden, Abzeichen, Führerscheine: Alle tierischen Springer haben sicherlich eine Belohnung verdient. Auf Seite 111 finden Sie Kopiervorlagen für Abzeichen. Wie wäre es mit einem Wald-Führerschein, einem Springteufel-Orden oder einem Hüpf-Abzeichen?

REKORDHALTER AUS DEM TIERREICH

Olympiareife Vorstellung

Manche Tiere fliegen irrsinnig schnell. Andere rennen, dass der Boden bebt. Tiere wie Termiten sind so hungrig, dass sie ganze Häuser auffressen können. Und ein Gepard könnte einen LKW auf der Autobahn locker überholen. Glauben Sie nicht? Hier finden Sie die schnellsten, besten, klügsten Tiere der Welt. Wie wäre es, wenn sich die Kinder ein Lieblingstier aus der Riege dieser tierischen Rekordhalter aussuchen, etwa weil sie ähnliche Begabungen haben. Staunen Sie mal!

VON TINA SCHERER

© Ian Dayball/Thinkstock

ALTER

Ab 4 Jahre

REKORDHALTER-SPIEL

Im Sitzkreis hören sich die Kinder die Rekorde der Tiere an. Sicherlich werden die Kinder noch einige Fragen dazu haben. Aus diesem Grund haben wir auch Infos zu den Tieren addiert und dargestellt, warum dieses Tier diese besondere Fähigkeit hat. In einer Gesprächsrunde können die Kinder überlegen, welches Kind aus der Runde eine ähnliche Fähigkeit hat: Max kann schnell rennen? Dann bekommt er sicherlich den Geparden-Orden. Versuchen Sie gemeinsam für jedes Kind einen Rekord zu finden. Es muss sich hierbei nicht um sportliche Leistungen handeln, auch die Disziplinen „Freundlichkeit", „Malen", „Gute Laune haben" können gekürt werden.

→

TIERISCHE REKORDHALTER

Gepard: Goldmedaille im Sprint
Die Großkatzen können im Spurt bis zu 120 km/h schnell werden: schneller als man auf Bundesstraßen mit dem Auto fahren dürfte. Muskulöse Hinterbeine und ein schlanker Körper sorgen für den nötigen Schub. Allerdings halten die Vierbeiner diese Geschwindigkeit nicht sehr lange durch und müssen die konditionsmäßig fitteren Antilopen bei der Jagd öfters laufen lassen.

Schaumzikade: Rekordhalter im Hochsprung
Ja, richtig gelesen: Der kleine Wiesenhüpfer, dessen Eier wie Spucke in der Wiese aussehen, lebt auch in mitteleuropäischen Wiesen. Die Hüpfer schaffen beim Hochsprung das 400-Fache ihrer Körpergröße. Aus dem Stand ohne Anlauf. Das wäre so, als wurde ein 1 m großes Kind so hoch springen wie die höchsten Wolkenkratzer der Welt.

Sperbergeier: Hochfliegkünstler
Der am höchsten fliegende Vogel ist der Sperbergeier, der in sagenhaften 11.000 m Höhe schon mal mit einem Flugzeug zusammenstößt. Auch beachtlich: Zugvögel wie Wildgänse fliegen manchmal um die 9.000 km hoch, weil sie hohe Gebirge wie den Himalaya überfliegen müssen.

Pottwal: Tauchweltmeister unter den Säugetieren
Niemand kann so tief tauchen wie dieser Meeresriese. Pottwale sind Säugetiere und müssen zum Atmen an die Meeresoberfläche. Trotzdem schafft es das putzige Riesenkerlchen, eine Stunde lang ohne Luft zu holen so weit herunterzutauchen wie kein anderes Säugetier. Bis zu 3000 m tief in die Bereiche der Tiefsee lässt sich der Pottwal herab. Hier gibt es kaum noch Sonnenlicht, die Temperatur ist sehr niedrig und nur Bakterien und Lebewesen wie der Anglerfisch kommen hier noch vor.

Oryx-Antilopen: Iron-Man in der Savanne
Die Savannenbewohner aus Afrika und der arabischen Halbinsel sind echte Durstkünstler. Selbst Temperaturen über 45 °C halten sie locker aus. Trinken müssen sie nur selten, im Notfall sogar ein oder zwei Wochen lang nicht. Die Körpertemperatur der Tiere beträgt bei so großer Hitze über 45 °C - im Vergleich dazu: Säugetiere haben eine Körpertemperatur von 38 °C, der Mensch von etwa 37 °C.

Elefant: Ein echtes Schwergewicht
Schwerstes Landsäugetier der Welt ist der Elefant mit einem stattlichen Gewicht von etwa 5 bis 6 Tonnen. Das sind im Vergleich immerhin 3 bis 4 Autos. Dicht auf den Fersen ist dem Elefant das Flusspferd mit 4 bis 5 Tonnen.

Mehr lesen:
www.tierchenwelt.de
www.kuriosetierwelt.de

TIERISCHE RÄTSELREIME

Wer oder was bin ich?

VON KARIN SCHÄUFLER

Rätselreime sind ein beliebter Zeitvertreib – bestimmt auch in Ihrem Morgenkreis. Bei diesen kleinen Zweizeilern müssen die Kinder raten, welches Tier sich hier selbst beschreibt. Wie wäre es, wenn die Kinder ihr Lieblingstier ebenfalls beschreiben: ob mit einem kleinen Reim, mit Worten oder pantomimisch?

© Chepro/Thinkstock

ALTER

Ab 3 Jahre

Lesen Sie die Reime laut und langsam vor, damit alle Kinder die gut hören und verstehen können. Wer die Antwort weiß, ruft sie laut und schnell in die Runde – aber erst, nachdem Sie mit dem Zweizeiler fertig sind!

RÄTSELREIME

Ich bin klein, seh' niedlich aus,
ich bin nicht schnell und trag' mein Haus! Schnecke

Ich habe Schuppen, schwimme gern,
an Land zu gehen liegt mir fern! Fisch

Ich bin bunt, hab' zarte Flügel,
schwebe sanft dort übern Hügel! Schmetterling

Ich wache über Haus und Hof,
ich belle laut und bin nicht doof! Hund

Ich bin verschmust, kann sehr gut schauen,
bin manchmal frech und kann miauen! Katze

Ich hab' Punkte, bin sehr klein, bin Rot und Schwarz
– wer kann ich sein? Marienkäfer

Noch mehr Ideen

Nach der Rätselrunde überlegt sich jedes Kind insgeheim ein Tier, das die anderen erraten sollen. Hierzu umschreibt jedes Kind das ausgewählte Tier, beispielsweise Elefant: „Das bin ich: Ich bin groß und stark und habe einen Rüssel!" Wer zuerst richtig geraten hat, stellt das nächste Tierrätsel. Auch möglich: Das jeweils ausgesuchte Tier pantomimisch darstellen und erraten lassen.

EIN BEWEGUNGSSPIEL MIT HÜPFENDEN PFLANZEN

Springkaut, aufgepasst!

VON MICHAEL MÜLLER

Das Springkraut gibt es wirklich (siehe Kasten!). Ganz wie dieses wunderliche Pflänzchen hüpfen auch die Kinder bei diesem Spiel auf Berührung los. Nebenbei lernen sie eine ziemlich häufige Waldpflanze kennen – und die ist wirklich interessant. Das Springkrautspiel ist ein Wahrnehmungsspiel, das auf spielerische Weise die Sinne schärft. Bei diesem Spiel ist die Auge-Hand-Koordination gefragt. Es geht darum, sich selbst, die anderen und die Umwelt bewusst wahrzunehmen. Die Kinder werden auch angeregt, sich selbst zugunsten des Teams zurückzunehmen.

ALTER

Ab 4 Jahre

MATERIALIEN

- 4 weiche Bälle
- Falls möglich: Springkraut (gibt es von Mai bis Oktober in fast jedem Wald)

Die Kinder bilden 4 möglichst gleich große Gruppen. Alle Kinder einer Gruppe hocken sich auf den Boden (armweit Abstand halten). Man hat dann 4 Flächen mit den hockenden Kindern. Die Spielleitung wirft in jede Spielfläche einen weichen Ball. Wer den Ball fängt, steht (oder springt) auf. Das bedeutet, das Springkraut ist gesprungen, und wirft den Ball zum nächsten Kind in seiner Gruppe. Sieger ist die Gruppe, die als erste alle Kinder zum Stehen gebracht hat.

DAS SPRINGKRAUT ODER RÜHR-MICH-NICHT-AN-KRAUT

Das echte **Springkraut** (impatiens noli-tangere), von Eltern oder Großeltern nach dem lateinischen Namen auch „Rühr-mich-nicht-an" genannt, ist eine 60 bis 100 cm hohe Pflanze im Unterbewuchs von schattigen Wäldern. Es blüht von Juni bis August in leuchtend goldgelben 2 bis 3 cm langen, hängenden Blüten. Diese bestehen aus 5 Blütenblättern. Aufgrund ihrer Form werden die Blüten meist nur von Hummeln bestäubt. Der Name **„Rühr-mich-nicht-an"** ist auf eine besondere Eigenschaft der Früchte zurückzuführen. Bei der geringsten Berührung platzen die Früchte auf, dabei rollen sich die fünf Fruchtklappen blitzschnell nach unten und schleudern die Samen bist zu 7 m weit fort. Im nächsten Frühjahr erwächst daraus eine neue Pflanze. Besonders Kinder haben viel Freude an der Samenschleuder.

U3-ERLEBNISREICH

EIN SPIEL, UM DIE KÖRPERTEILE ZU BEGRÜSSEN

Hallo Ohren!

Für Kinder unter drei Jahren ist es gar nicht immer so einfach, zu wissen, wo sich welcher Körperteil gerade befindet und was er macht. Außerdem ist auch das Benennen von Körperteilen schon schwierig. Dieses kleine Bodenkreisspiel übt das Kennenlernen der eigenen Körperteile ein. Sind die Kinder fit genug, können Sie es auch mit dem Körperliedchen auf der Rückseite probieren.

VON BRITTA BARTOLDUS

ALTER

Ab 2 Jahre

Bei einer gemütlichen Runde im Sitzkreis auf dem Boden, fragen Sie die Kinder, welche Körperteile sie kennen. Schön, wenn jedes Kind einen Körperteil weiß. Wird ein Körperteil genannt, zeigen alle Kinder an sich selbst auf den genannten Körperteil.

Körperteile können sich aber auch begrüßen, beispielsweise begrüßt die linke Hand das rechte Ohr. Machen Sie die Bewegung vor und die Kinder machen die Bewegung nach. Dazu führen Sie Ihre linke Hand zum rechten Ohr und halten dieses kurz fest. Anschließend geht es reihum, bis jedes Kind an der Reihe war.

→

Noch mehr Ideen

EIN LIEDCHEN ZUM MITMACHEN UND SCHNELLFINDEN: DER KÖRPERTEILE-SONG

Wie beim Spiel weiter vorne müssen auch hier die Kinder passend und schnell die korrekten Körperteile zeigen, diesmal allerdings während des Singens. Darum präsentiert sich das Liedchen in zwei verschiedenen Schwierigkeitsgraden.

Während des Singens zeigen die Kinder auf das erwähnte Körperteil. Das Liedchen können Sie unter anderem zur Melodie von „Funkel, funkel, kleiner Stern" oder „Heute kommt der Weihnachtsmann" singen.

Sag Hallo! (einfache Variante)

Sag Hallo, mein Ohr ist da,
ach, das ist ja wunderbar.
Ohr, ich grüß' dich: Guten Tag!
Weil ich dich so gerne mag.
Sag Hallo, mein Ohr ist da,
ach, das ist ja wunderbar.

Sag Hallo! (schwierigere Variante)

Sag Hallo, mein Ohr ist da,
ach, das ist ja wunderbar.
Bein, ich grüß' dich: Guten Tag!
Weil ich dich so gerne mag.
Sag Hallo, mein Arm ist da,
ach, das ist ja wunderbar.

Sag Hallo, mein Mund ist da,
ach, das ist ja wunderbar.
Hals, ich grüß dich: Guten Tag!
Weil ich dich so gerne mag.
Sag Hallo, die Nas' ist da,
ach, das ist ja wunderbar.

Weitere Körperteile zum Einsetzen:
Haar, Hand, Bauch, Po, Zeh, Knie, mein Aug', ...

KÖRPERWAHRNEHMUNG UND ENTSPANNUNG FÜR DIE KLEINSTEN

Eincreme-Geschichte

Eincremen ist im Sommer wichtig. Statt Sonnenmilch tut im Winter das Eincremen mit Körperlotion oder Babycreme gut. Hier verbinden Sie diese nützliche Körperpflege mit einer kleinen Entspannungs- und Schmunzelgeschichte. Das Erfühlen der cremigen Textur macht Kleinstkindern in der Regel große Freude. Auch das Entdecken des eigenen Körpers und wohltuender Empfindungen ist hier natürlich wichtig. Cremen Sie selbst unbedingt auch mit!

VON TINA SCHERER

© Ihar Ulashchyk/Thinkstock

ALTER

Ab 1,5 Jahre

MATERIALIEN

- Nicht zu fette Babycreme oder Baby-Körperlotion
- Im Sommer: Sonnenschutzcreme, kleinkindgeeignet
- Handtücher

Machen Sie es sich mit den Kindern gemütlich. Legen Sie Matratzen und Matten aus, verteilen Sie Handtücher, falls die Bezüge sehr schmutzempfindlich sind, darüber. Sorgen Sie für eine genügend hohe Raumtemperatur, damit niemand frieren muss oder sich erkältet.

Zeigen Sie den Kindern im Sitzkreis die Creme oder Lotion. Erklären Sie, dass das nichts zum Essen ist und nicht in den Mund genommen werden darf. Wissen die Kinder, was man damit macht? Zeigen Sie, indem Sie einen kleinen Tropfen nehmen, wie man die Creme verteilt und cremen Sie beispielsweise ihr Gesicht oder ihren Unterarm ein. Wissen die Kinder, wie man sich eincremt? Jedes Kind darf sich nun eine Fingerspitze voll Creme oder Lotion nehmen und sich damit eincremen.

→

Gefällt den Kindern diese Erfahrung? Wie fühlt sich die Creme an? Wie die Haut, wenn sie frisch eingecremt ist? Haben die Kinder Lust, eine kleine Entspannungsgeschichte mit der Creme zu erleben?

Die Kinder sollten dafür die Arme oder Beine (je nach Möglichkeit) von Kleidung befreien und sie eincremen. Die Geschichte passt für Arme und Beine und kann dann einfach zweimal erzählt werden: Am besten verteilen die Kinder zunächst einige Fingerspitzen Creme oder Lotion entlang ihrer Arme oder Beine. Die Kinder cremen sich selbst ein. Ältere Kinder können sich auch gegenseitig eincremen. In der ersten Strophe den Arm/das Bein langsam hinaufstreicheln und dabei eincremen. Anschließend von oben nach unten streichen. Zunächst an der Vorderseite, dann an der Rückseite. Dann den Arm/das Bein wechseln. Wichtig: Herabführende Bewegungen und Eincremen von oben nach unten sollten Sie am Schluss ausführen, da diese Bewegungen beruhigend wirken, während Eincremen oder Massieren von unten nach oben eher aktiviert. Hier ist nicht das korrekte Eincremen gefragt, bei dem Cremes und Lotionen gut verteilt und einmassiert werden, sondern es geht allein um die Erfahrung des eigenen Körpers und der besonderen Textur der Creme. Lassen Sie darum zu, wenn nicht jeder Zentimeter korrekt eingecremt ist. Überschüssige Creme können die Kinder selbst mit Handtüchern oder Wischtüchern am Ende der Geschichte entfernen.

Noch mehr Ideen

Matschen mit Creme und Rasierschaum macht den Kindern Spaß? Dann bieten Sie ihnen genau das an: Eine Wachstischdecke oder eine Folie auf einen Tisch spannen. Rasierschaum, Creme und nach Wunsch ungiftige Lebensmittelfarben dazugeben und es kann losgehen!

DIE GESCHICHTE VON DER SCHNECKE SCHNICK

Schnick, die kleine Schnecke, kriecht über einen Baum,
ihr ist so heiß, sie schafft es kaum.
Langsam kriecht sie auf dem Ast,
ohne Eile, ohne Hast.
Von der Wurzel bis nach oben,
von oben wieder runtertoben.

Dann hoch jetzt auf den nächsten Baum,
es ist so heiß, sie schafft es kaum.
Da kommt ein kühler Regenschauer,
die Luft wird kühler und auch lauer.
Von der Wurzel bis nach oben,
von oben wieder runtertoben.

Ach, das war ein schöner Tag,
den die Schnecke Schnick gern mag

© nioklaj2/Thinkstock

EINE FAMILIENERINNERUNG FÜR KRIPPENKINDER

Mein selbstgestaltetes Ich-Büchlein

Die Familie immer in Griffnähe: Das garantiert das Ich-Büchlein, denn hier finden die Kinder jederzeit Fotos von all ihren Lieben. Die Ich-Büchlein können Ihre Krippenbibliothek erweitern oder im Gruppenraum in Greifnähe der Kinder dafür sorgen, dass Mama und Papa immer dabei sind.

VON MICHAELA LAMBRECHT

© gdinMika/Thinkstock

ALTER

Ab 1,5 Jahre

MATERIALIEN

- Fotokarton in verschiedenen Farben
- Schneidemaschine oder Schere
- Locher
- Mehrere Familienfotos der Kinder
- Laminierfolie und Laminiergerät
- Geschenkband

Lassen Sie die Kinder ihre Wunschfarbe für ihr Büchlein aus dem Fotokarton auswählen. Bitten Sie die Eltern, Fotos von der Familie in die Gruppe mitzubringen und diese auch auf der Rückseite mit den Namen der Personen zu versehen.

→

© FamVeld/Thinkstock

Betrachten Sie gemeinsam mit den Kindern ihre Fotos und sprechen darüber, beispielsweise fragen Sie: **„Ist das deine Mama auf dem Bild?“** oder **„Ist das deine kleine Schwester?“** oder **„Auf diesem Foto spielst du mit einem Auto?“ ...**

Das Kind darf die Reihenfolge der Fotos festlegen und Ihnen beim Aufkleben helfen. Sie beschriften die Bilder mit den Namen der Personen und gegebenenfalls mit den Kommentaren der Kinder. Sobald alles aufgeklebt ist, laminieren, dann lochen Sie die Seiten und binden das Büchlein mit einem Geschenkband zusammen.

Die Kinder haben freien Zugang zu ihrem Ich-Büchlein und dürfen es jederzeit betrachten.

Noch mehr Ideen

Mit dem Älterwerden können weitere Materialien ins Ich-Büchlein aufgenommen werden, etwa Fotos von Haustieren, Lieblingstiere, Lieblingsessen, Lieblingsspielsachen zuhause und in der Kita. Dazu haben die Kinder sicherlich selbst viele Ideen. Schön ist, wenn auch Kopien von Liedern oder Spielen ins Büchlein wandern. Am Ende der Krippenzeit bekommt die Familie das Ich-Büchlein als kleines Erinnerungsgeschenk.

Klett KOLIBRI ELTERNINFO

Das bin ich!

LIEBE ELTERN UND GROSSELTERN,

für die nächsten Tage und Wochen (und möglicherweise auch Monate) haben sich die Kinder das Thema „Das bin ich!“ ausgesucht. Gemeinsam mit den Kindern begeben wir uns auf eine Reise ins eigene Ich: Wir lernen Vorlieben und Lieblingsdinge kennen, beschäftigen uns mit (eigenen und fremden) Gefühlen, erforschen und experimentieren mit und an uns selbst. Vor allem aber möchten wir durch dieses anspruchsvolle Projekt erreichen, dass die Kinder ihr Selbstbewusstsein und ihr Selbstwertgefühl entwickeln und ihr Körpergefühl und damit die Eigenwahrnehmung trainieren. Alles das sind wichtige Bausteine der kindlichen Entwicklung in den ersten sieben Lebensjahren.

Bei diesem Projekt rund um das Kind und sein Erleben wird es unter anderem auch um die Familie und das Zuhause gehen. Gern sprechen wir Sie an, wenn es darum geht, gemeinsam mit Ihrem Kind/Ihren Kindern Seiten und Vorlagen für den Ich- bzw. den Lerngeschichten-Ordner zu erstellen. Ziel dieser Aktion ist natürlich auch, die Kinder auf ihrem Weg bei der Erschließung der eigenen Lebenswelt zu begleiten. Sprechen Sie uns gern an, wenn Sie Ideen haben, wie Sie uns hierbei unterstützen möchten oder wenn Sie Fragen zu unserem Projekt haben. Wir informieren Sie selbstverständlich durch Aushänge oder Ausstellungen über das Fortschreiten unserer Aktionen.

Mit herzlichen Grüßen

Ihr Kita-Team

Klett KOLIBRI ELTERNINFO

Meine Ich-Butter

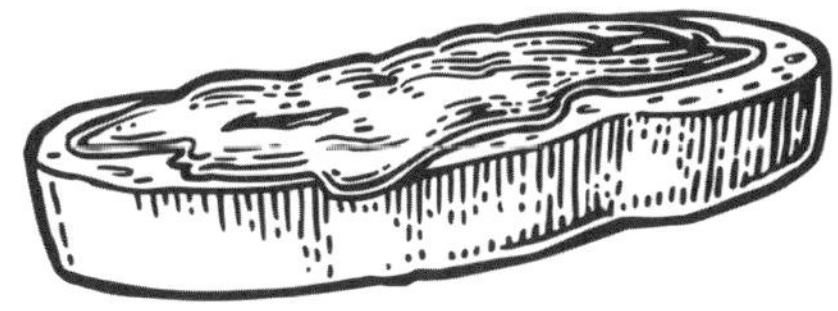

IDEEN FÜR EIN INDIVIDUELLES ICH-FRÜHSTÜCK

Sie brauchen:
1 Päckchen oder ein paar Esslöffel Butter und unsere Ideen, damit aus langweiliger Butter ein individuelles Schlemmer-Erlebnis wird.

Vanille-Butter
1 Päckchen Butter (250 g), Zimmertemperatur
1 Teelöffel Vanilleextrakt (Bioladen, Supermarkt)
1 Päckchen Vanillezucker
1 Vanilleschote

Die Vanilleschote der Länge nach aufschneiden, das Merk mit einem Messer herauskratzen. Die Butter cremig rühren, Zucker, Vanilleextrakt und das Mark dazugeben, alles gut mischen. Zu einer Rolle formen oder in Förmchen drücken und in Frischhaltefolie eingewickelt mehrere Stunden lang im Kühlschrank fest werden lassen.

Ketchup-Butter
1 Päckchen Butter (250 g), Zimmertemperatur
8 Esslöffel Ketchup
1 Teelöffel Meersalz
¼ Teelöffel Pfeffer
½ Teelöffel Currypulver

Die Butter cremig rühren, alle anderen Zutaten dazugeben und weiter wie oben verfahren.

Erdbeer-Butter
1 Päckchen Butter (250 g), Zimmertemperatur
250 g Erdbeeren (frisch oder Tiefkühlprodukt)
2 Päckchen Vanillezucker
Einige Blättchen Zitronenmelisse oder Minze

Die Erdbeeren pürieren und kurz aufkochen, etwas abkühlen lassen. Die Butter mit dem Vanillezucker cremig rühren, Erdbeeren dazurühren und alles gut miteinander pürieren. Weiter wie oben beschrieben.

Weiße Schokoladenbutter
2 Esslöffel Butter
60 ml Milch
200 g weiße Schokolade
2 Vanilleschoten

Die Vanilleschoten auskratzen. Die Butter mit der Milch und der Schokolade im Topf vorsichtig schmelzen, bis alles flüssig ist. Das Mark dazugeben, gut durchrühren. Die Mischung noch heiß in saubere Gläser mit Schraubverschluss füllen. Im Kühlschrank aufbewahren.

KOPIERVORLAGE 1:

Das bin ich ... wenn ich älter bin

Male dich selbst in die Kästchen: in das erste Kästchen so wie du jetzt aussiehst, in das zweite Kästchen als Schulkind, ins dritte Kästchen als Erwachsene(n) und ins vierte Kästchen als ganz alten Menschen.

Das bin ich...

1 ...im Kindergarten

2 ...in der Schule

3 ...wenn ich erwachsen bin

4 ...wenn ich ganz alt bin

KOPIERVORLAGE 2:

Mein schönster Traum

Ein echter Traum oder etwas, das du gern einmal erleben würdest:
Male deinen (Wunsch-)Traum hier auf:

KOPIERVORLAGE 3:

Das gehört (nicht) zu mir

Womit spielst du gern? Was magst du? Male alles bunt an, was du magst und was zu dir gehört. Streiche durch, was nicht zu dir gehört!

Male in die beiden freien Kästchen zwei weitere Dinge, die hier fehlen, die du gern magst und die zu dir gehören.

KOPIERVORLAGE 4:

Meine Sinne 1

Male deine fünf Sinnesorgane farbig an.

KOPIERVORLAGE 5:

Meine Sinne 2

Verbinde jeden Körpersinn auf der linken Seite mit dem dazu passenden Bild rechts.

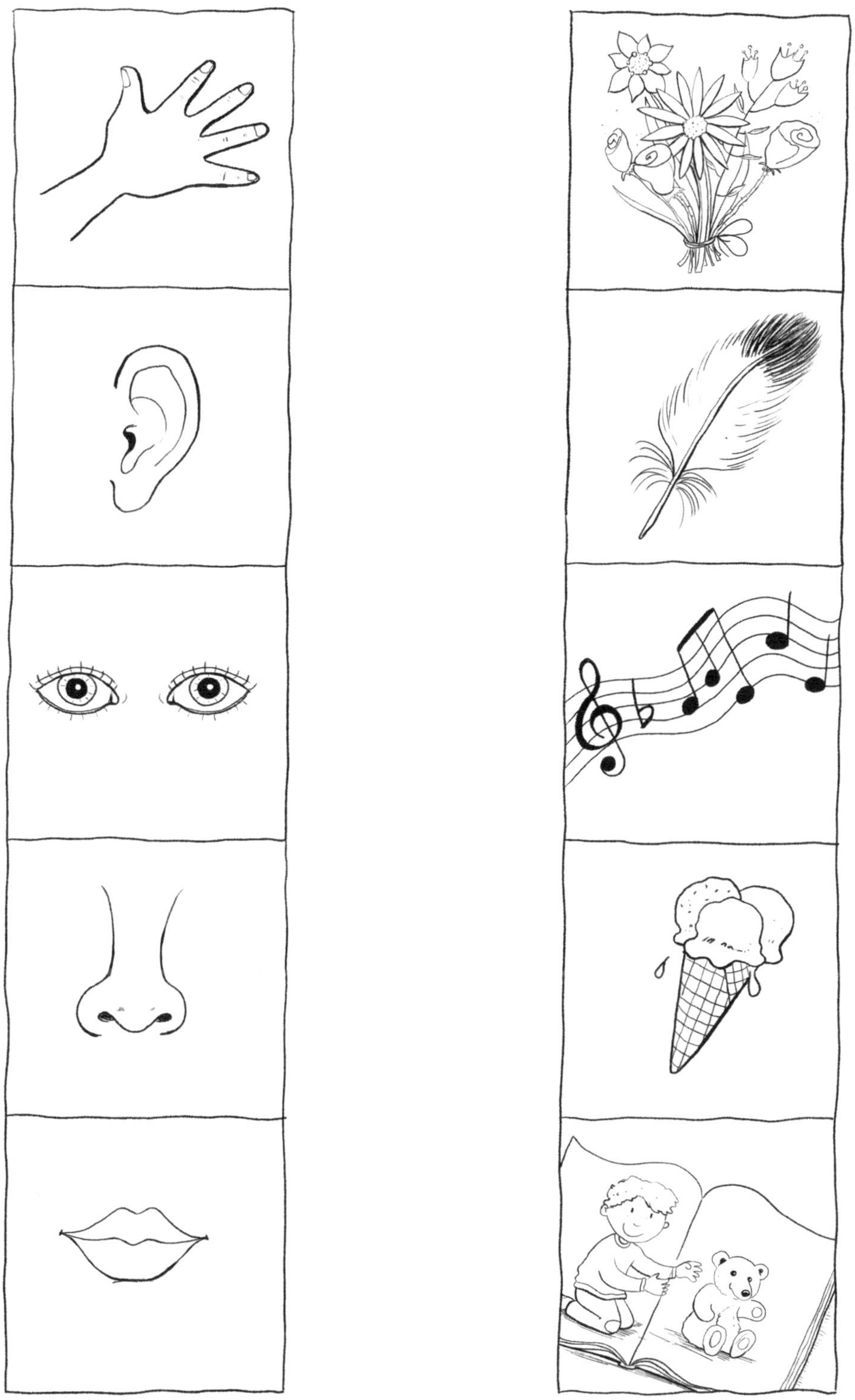

KOPIERVORLAGE 6:

Meine Lieblingssachen

Male in die Kästchen deine Lieblingssachen, also dein Lieblingsessen, dein Lieblingsgetränk, -kleidungsstück ...

Male in die leeren Kästchen zwei Dinge, Personen oder Tiere, die du ganz besonders magst.

KOPIERVORLAGE 7:

Mein Familien-stammbaum

Male deine Familie und alle, die noch zu dir gehören, in die Kästchen.

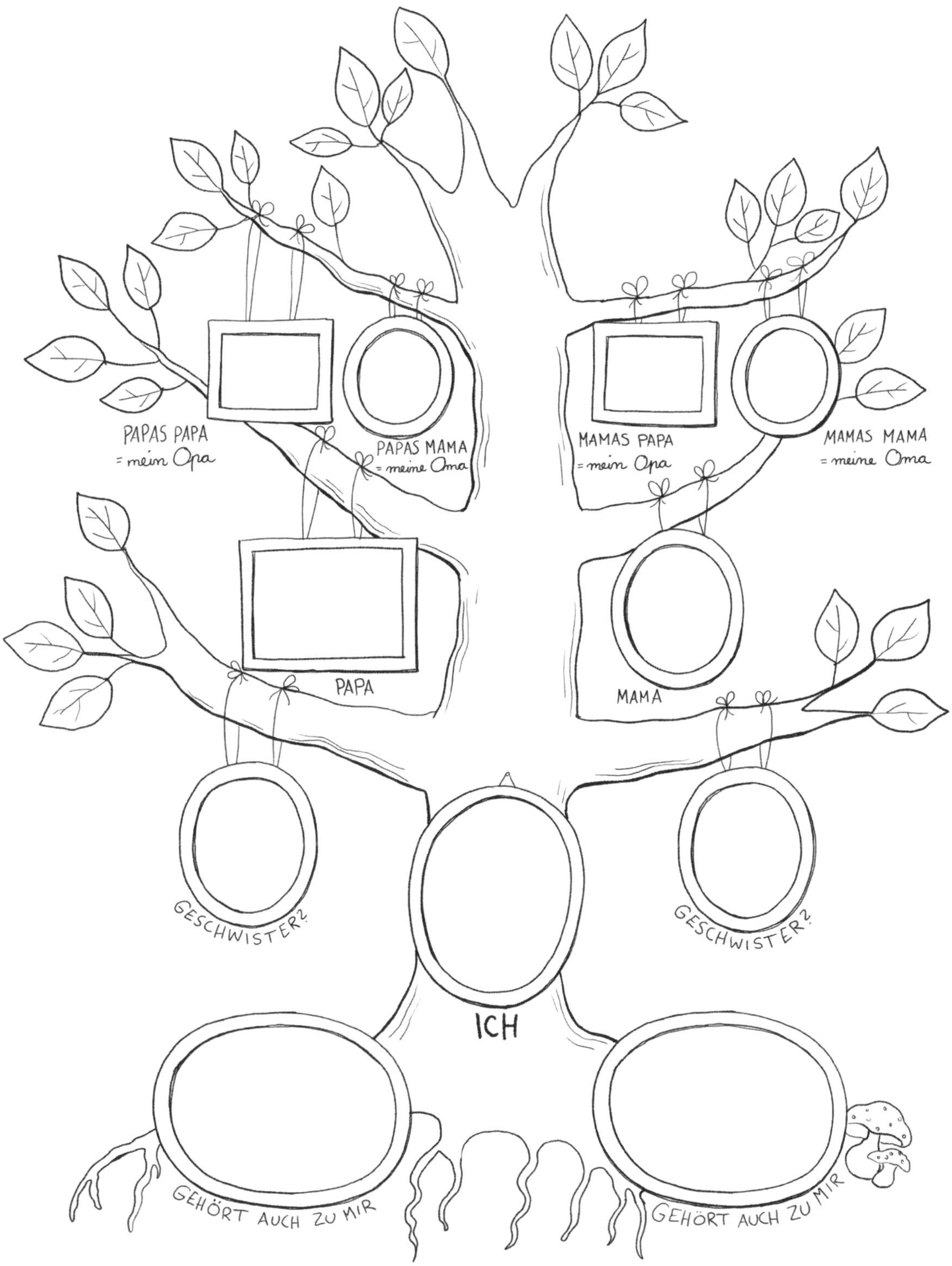

KOPIERVORLAGE 8:

Meine Lebens-(-wunsch-)geschichte

Liebe/r ______________,
schreibe hier bitte meine Geschichte für mich auf,
wie ich mir mein Leben vorstelle.

Mein Name ist ______________________

Diese Geschichte habe ich
erzählt am: ____________
Da war ich ____ Jahre alt.

KOPIERVORLAGE 9:

Vorlagen für Orden, Abzeichen und Führerscheine

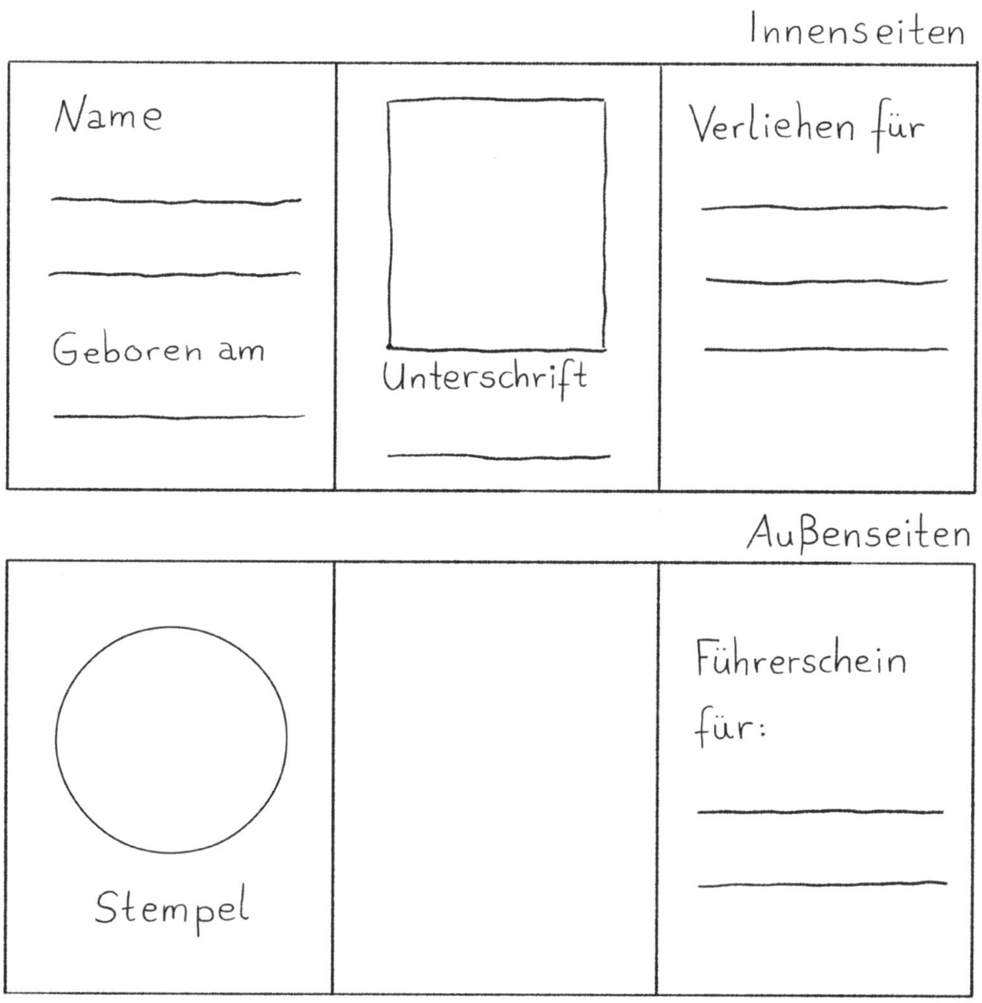

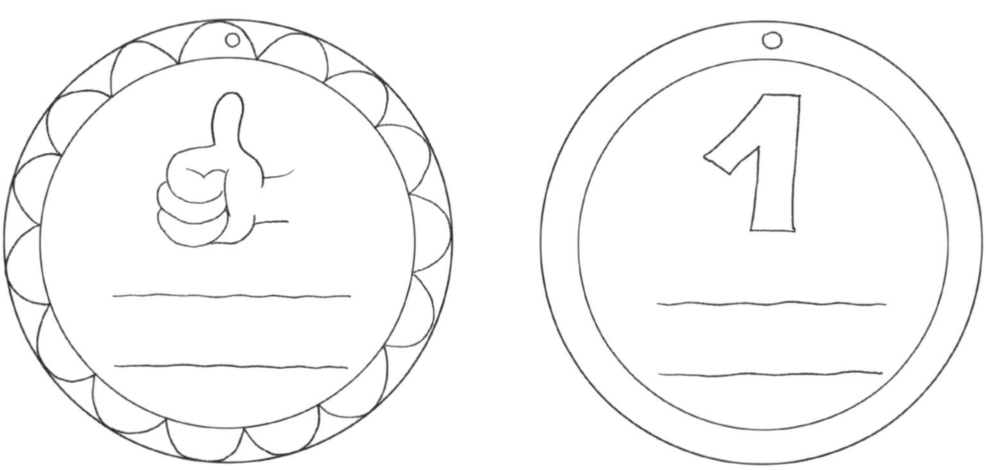